USLU ÇOCUK OLMAYI

BIRAK

NEMESİS KİTAP / Kişisel Gelişim
Yayın Numarası: 730

Uslu Çocuk Olmayı Bırak Aşkım Kapışmak

Yayın Yönetmeni: Serap Çakır Özcan
Editör: Gözde Sayınsoy
İlk Okuma: Pınar Çilingir
Düzelti: Emre Kalcı
Kapak Tasarımı: Cem Özcan
Sayfa Düzeni: Pınar Şeker

ISBN: 978-625-6947-55-9
19. Baskı: Ocak 2025
(Her baskı 1000 adet)

Nemesis Kitap:
Gümüşsuyu Mah. Osmanlı Sok. Osmanlı İş Merkezi 18/9 Beyoğlu/İstanbul
Tel.: (0212) 222 10 66 info@nemesiskitap.com • www.nemesiskitap.com
Sertifika No: 49065

Baskı ve Cilt:
Vizyon Basımevi Kağıtçılık Matbaacılık ve Yayıncılık San. Tic. Ltd. Şti.
Beylikdüzü O.S.B. Mah. Orkide Cad. No:1/Z Beylikdüzü/İstanbul
Tel: (0212) 671 61 51
Sertifika No: 52098

AŞKIM KAPIŞMAK

USLU ÇOCUK OLMAYI BIRAK

NEMESİS
KİTAP

Bu kitap tedavi amacı taşımaz, yalnızca okura kendi yolculuğunu keşif noktasında anahtarlar sunar.

İçindekiler

ÖNSÖZ

Hoş geldiniz yaramaz çocuklar! Hiçbirimiz doğduğumuz coğrafyayı, doğduğumuz aileleri seçemedik. Bizim ailelerimiz de seçemedi. Kimine göre coğrafya kader, kimine göre doğduğun ev; kimine göre de dünya bir kader. Nerede doğduğunuz, hangi coğrafyada kimlerin çocuğu olduğunuz, hangi kültürde, hangi inançta, hangi tercihlerde, hangi renklerde, hangi duygularda olduğunuz önemli değil. Önemli olan, içine doğduğunuz hayatta bilincinizi, gücünüzü, daha doğrusu kendinize temas etmeyi öğrendiğiniz zaman, yıllarca boşu boşuna kendi kendinizi uslu bir çocuğa dönüştürdüğünüzü fark etmeniz. Çünkü anne babaların çoğu, küçükken çocuklarını uslu çocuk yapmaya çalışır. Bu anne babalar genellikle travmalıdır. Bazı ebeveynler için çocuklarının uslu olması, diğer insanlardan duyduğu "Ne kadar güzel evlat yetiştirmiş, ne kadar uslu, hiç sesi çıkmıyor vb." söylemlerle bir kazanıma dönüşür. Ama çocukken zorla uslu hale getirilmiş çocuklar, büyüdüklerinde daha çok psikolojik problemler yaşarlar. Çünkü yaramaz çocuklar bir şekilde ailelerinden ve dış dünyadan aldıkları kötü duyguları hiperaktifleşerek, yaramazlık yaparak, oyunlar oynayarak ilişki kurarak, canlı cansız her şeye temas ederek, bazen daha yoğun duyguları saldırganca yaşayarak boşaltmaya çalışırlar.

Aslında anne babaların, çocuk yaramazlık yaparken, bir yerlere vurup, bir şeyleri fırlatıp, bir yerlerde zıplarken hangi duyguyu boşalttığını görmesi gerekir. Çocukların aşırı hareketli olmasının sebebi iç dünyalarında çok fazla kötü duygunun olmasıdır. Onları boşaltmanın yolu, normal oyunların biraz daha fazlasından geçer. Bunun başka bir yolu yoktur. Çocuk oyun oynar. Kimine göre yaramazdır, kimine göre gerçekten bir duygu boşaltıyordur. O yüzden yaramaz çocuklara göre uslu yetiştirilmiş çocuklar, ileriki yaşamlarında daha problemli olurlar. Anne babalarımızı da bu hale dönüştürdüler. Sonuçta hiçbir anne baba bunu isteyerek, bilerek çocuğuna yapmaz. Hepsinde de nesilden nesile aktarılan travmalar vardır.

Yıllar önce efendi biri olmak, sesini çıkarmamak, büyüklerin yanında susmak, başını eğmek, ön plana çıkmamak, görünür olmamak belki çok kıymetliydi. O zamanın kültürü bunu gerektiriyordu. Ama öyle bir çağa geldik ki artık uslu çocuk olmak, boyun eğmek, durmak, sesini çıkarmamak bir özgüven problemi gibi oldu. Aklınıza geleni yapın, insanlar ne düşünürse düşünsün, pervasızca hareket edin demiyoruz, konu bu değil. Yıllar geçtikten, yaşınız ilerledikten sonra keşke yirmi yaşında şunu yapsaydım, keşke otuzlarımda bunu yapsaydım, keşke on beşimde şunları deneseydim; heyecanlarımı bastırmasaydım, dans etseydim, şımarsaydım, bazı şeyleri takmasaydım, yaramazlık yapsaydım, saçmalasaydım, komik duruma düşseydim, keşke herkes bana gülseydi, biraz daha şakalaşsaydım, daha çok üstüne gitseydim, hayatı bu kadar ciddiye almasaydım, bu kadar analiz yapmasaydım, bu kadar yorumlamasaydım, keşke rezil olmaktan, başkalarının benimle ilgili düşüncelerinden bu kadar korkmasaydım, keşke kaçmasaydım dememek için, artık uslu çocuğu yavaş yavaş azaltmanın zamanı geldi.

Uslu çocuğu azaltmanın ne demek olduğunu *Uslu Çocuk Olmayı Bırak* kitabımdaki diyaloglarda, ikili görüşmelerimde göreceksiniz. Kitabı okurken yaşayacağınız kendi çocukluğunuzla ilgili farkındalıklar, kıymetli bilgilerdir. Eğer durduk yere zihninize çocukluktan, geçmişten bazı anılar geliyorsa, bu boşuna değil. Bu durumda bilinçdışı şöyle diyor: "Bu anıların içindeki duyguları çalışıp boşaltmadın, bunlar seni takip edecek." Bu nedenle kitabı okurken gelen o anıların sizde değersizlik, yetersizlik, başarısızlık, dışlanma, sevilmeme, öldürülme korkusu, rezil olma korkusu, başarısız olma korkusu, yetersiz olma korkusu, parçalanma, boşluk duygusu gibi bazı duyguları olacak. Bu duygulardan biri, birkaçı yoğun geliyorsa, sık sık hayatınızda ilgisiz durumlarda içinize bir anda oturuyorsa, bu duyguları boşaltmanızın zamanı gelmiştir.

Psikoloji ve kişisel gelişim ilerliyor; çağ, akıl sağlığı çağı olmaya başladı. Herkes psikolojiye ve kişisel gelişime yatırım yapıyor. Bu çok kıymetli ama bazı konuları beynimiz için bilmemiz gerekiyor. Evet spritüel ve psikolojik anlamda birçok çalışma var. İnsanlar meditasyonlar, olumlamalar yapıyorlar. Bunlar çoğalmaya başladı. Olumlu düşünebilmek, daha pozitif olabilmek için yaptığımız söylemleri bilincimiz aracılığıyla gerçekleştiriyoruz. Bunu belki meditasyon yaparak, durarak, dinlenerek yapıyoruz ama bilinçdışımızda var olan ve sürekli bizimle yaşayan o kötü duyguları boşaltmadığımız sürece istediğimiz kadar olumlama yapalım, bunun etkisi çok geçici olacaktır. Bir süre sonra beyin bozulacaktır; çünkü dışımızdan *ben mutluyum, her şeyin iyisini hak ediyorum, başarılıyım, istersem yaparım, şunu kabul ediyorum, bunu affediyorum* gibi cümleleri tekrar ettiğimizde iç dünyamızdaki duygular buna izin vermiyorsa burada bir karışıklık ortaya çıkar, bir sahtelik gelişir. Başkalarına karşı içimiz başka, dışımız başka olmaya başlar. O zaman daha çok yaramaz çocuk olmayı deneyimlememiz gerekir. Bu, yapmaktan rahatsız olduğunuz, çekindiğiniz, utandığınız, yapınca kötü hissedeceğiniz, rezil olacağınızı düşündüğünüz şeyleri yapmak demektir. Durduk yere dans etmek, çılgınlar gibi koşmak, yağmurda ıslanmak, suya batmak, yoldan geçerken suyun üstüne zıplamak, üstünü başını kirletmek, insanlarla şakalaşmak, bir gece kulübünde piste çıkıp dans etmek gibi hareketler eğer hiç yapmadığınız davranışlarsa bunu bir düşünün. Bir süre planlı programlı olmamak, biraz dağıtmak, eğlenmek, neşelenmek iyi gelebilir. Aramakta zorlandığınız insanları aramak, aranmayı beklemek yerine sizin onları aramanız gibi size zor gelen, yaparken kötü hissettiren eylemleri yapmanız gerekir. Beyniniz bunu yapabilecek potansiyele sahip; eğer bunları geliştirirseniz, bazı duygulara temas edeceksiniz.

Çok zorlanacağınız anılar olacak. Küçükken, "Hayır! Otur, yapma! Kötü çocuksun, beni mutsuz ediyorsun. Her şey senin yüzünden" gibi söylem, tutum ve davranışlara maruz kaldıysanız, bu duyguları aldıysanız artık hayat size uslu çocuk olmaktan başka bir seçenek bırakmaz. Ama ileride çok büyük keşkeleriniz olacak. Olmaması için lütfen uslu çocuk olmayı yavaş yavaş bırakın. Liste yapın: Neyi yapmaktan utanıyorsunuz? Neden zorlanıyorsunuz, korkuyorsunuz, endişe ediyorsunuz? Bunları teker teker bir düşünün. Çevrenizde kimlerin bunları yaptığını ve yapınca nasıl hissettiğini düşünün.

Kötü olun, pervasız olun, terbiyesiz olun, sıradışı olun demek istemiyorum. Ne demek istediğimi okurlarım çok iyi anlıyor diye düşünüyorum. Diyelim ki herkesin içinde kalkıp dans edemem diyorsunuz, kalkıp dans edeceksiniz. Kalabalığın önüne çıkıp bir şeyler anlatamıyorsunuz, çıkıp anlatacaksınız. İnsanlarla şakalaşamıyorsanız, mesafeliyseniz; onlarla şakalaşacaksınız. Planınızı bozacaksınız, bir gün de her şeye sadık kalmayıp yaramazlık yapacaksınız. Bazen saçma sapan hareketler yapacaksınız. Bunları yapabilmeniz, konforunuzdan çıkabilmeniz gerek. Yanında rahat edemediğiniz insanların yanına daha çok gideceksiniz. Daha çok ilişki kurmayı geliştireceksiniz. Korkup kaçtığınız her şeyin hayatta kaçıracağınız fırsatlara dönüştüğünü unutmayın.

Hepimizin hayalleri var; hayal kuruyorsak içimize düşen her hayale ulaşabiliriz demektir. Ama bu, sadece ve sadece yapmakta zorlandığımız davranışları yapmakla ve konfordan çıkmakla mümkün. Bunları tekrarladıkça çocukluk anılarımız gelmeye başlayacak. Anılarınız, sıradışı bir şey yaptığınızda gelir. Bir planı bozduğunuzda moraliniz bozulur; aslında bu, moral bozukluğu gerektiren bir durum değildir. Bir ana yetişemediğinizde, bir konuyu ertelediğinizde, unuttuğunuzda kızarsınız. Bunlar da kızılacak mevzular değildir. Çocukken yanlış davranışlara ya da yaptıklarınızın sonucunda bu tarz yaklaşımlara çok maruz kalmışsanız böyle hissedersiniz. Ebeveynlerimizi içimize alıp yutarız; büyüdüğümüzde, her hata yaptığımızda –bize göre hataysa ki çoğunlukla öyle olur– kendimizi suçlamaya, eleştirmeye, kendimize kızmaya devam ederiz. Bu duygular bize ait değil. Bu duygularla hayallerimize gidemeyiz, madden ve manen daha büyüyemeyiz. Çünkü bazen şımarık olmak, baskın olmak, politik olmak ya da saçmalamak gerekir. Bazen ilişkilerde siyaset yapmak gerekir. Bazen hayat küçük yalanlar gerektirebilir. Bazen de yeni ve farklı ortamlarda rezil olmak durumunda kalabilirsiniz.

Beynimiz diyor ki her şeyi yapabilecek gücün olsun; burada kötü anlamdakilerden bahsediyorum. Kavga edebilecek gücün bile olsun ama kavga etme. Yalan söyleyecek bir gücün olsun, gerektiğinde kullan bu hakkını ama söyleme. Biz bu yanlarımızı geliştirdiğimizde, her şeyi yapabilecek gücümüz olmaya başladığında hayallerimize ulaşabiliriz. Çünkü hepimizin hayalleri büyük. Bu, büyük ihtimalle maddi ve manevi anlamda daha görünür olmak, daha zengin olmak, daha güçlü olmakla, daha iyi hissetmekle, daha ilişkisel olmakla ilgili. Ama bu kadar büyük hayalleriniz varsa, daha kötü duygulara, daha zor ortamlara, daha problemli insanlara, daha farklı zorlayıcı, mahvedeci enerjilerin içine batıp çıkarak, onları fark ederek, kendinizi çalışarak yaşayabilme yeteneğinizi geliştirmeniz gerekir. Kimse hayallerine rahat tuzağında ve mutluluk yollarıyla gitmiyor. O yüzden daha iyi bir gelecek için, şimdi daha zor zamanların içinden geçmemiz lazım. Dış dünya tamamen kendi içimizde; bu, kendimizi zorlayarak içimizdeki çocuğa, özellikle uslu çocuğa, "Hadi artık kalk ve biraz yaramazlık yap. Takma artık insanları," diyebilme gücünü gerektiriyor.

Hazır mısınız? Gerçekten uslu çocuğu azaltmaya hazır mısınız? Eğer bu kitabı okuyup içindekileri uygular ve içselleştirirseniz, YouTube kanalımdaki "Çöz Beni" serisini izleyip orada yaptığım ikili görüşmeleri empatik bir şekilde dinleyerek kendi duygularınıza temas eder ve oradaki çalışmaları kendinize uygularsanız altı ay sonra olacakları hep birlikte göreceksiniz. Beynimiz biz altı ay boyunca sık sık yeni şeyler yapıp üzerine gittiğimizde o yeni deneyimlerin bizde yarattığı kötü hisleri, kötü duyguları bulup onları çocuklukta nasıl yaşadığımızı sorgulayacak ve o anıları tekrar yaşayıp hissettiğimizde o duygular boşalmaya başlayacak. Bu kötü duygular boşaldıkça, yani bir anlamda yas tuttukça, acı çekip o korktuğumuz duygulara temas ettikçe, beyin boşalacak ve onun rahatlığı için yeni yolaklar oluşmaya başlayacak. Bu yeni yolaklar bizi dış dünyada daha farklı bir insana dönüştürecek. Bu dönüşüm, hayallerimizle ilgili yerlere elektromanyetiksel bir ağ kurar gibi dış dünyada yeniliklerle ilişki kuracak.

Kötü duygusunu çalışmayan, onları biriktiren insanların beyinleri yeni yolaklar üretmekte zorlanır. Bu, onların yeni ilişkiler kurmakta zorlanacağı anlamına gelir. Ama yaramaz çocuk bunu dinlemez. Yaramaz çocuk, dünyadaki her şeyle, evdeki her şeyle ilişki kurmaya çalışır. Prizleri, çatalı, bıçağı, kaşığı, tabağı, televizyonu, koltuk altını, dolapların içini kurcalar. Kapıdan çıktıktan sonra apartmanın merdivenlerindeki her boşluğa girip çıkar, dışarıdaki kedilerle oynar, köpeklere dokunmaya çalışır, ayağında top sektirir, ip atlar, başkalarıyla kavga eder, tartışır, oyun oynar, kazanır, kaybeder. Korktuğu yerlerin içine girmeye, yeni insanların üzerine gitmeye çalışır, risk alır. Bunların hepsini bu yaşınızda siz de tekrar yapmaya başladığınızda, içinizdeki o çocuğun küçükken kurduğu o kocaman hayale, işte o zaman ulaşacaksınız.

USLU ÇOCUK OLMAYI BIRAK

Ebeveynlerimiz üst nesillerinden gelen travmaları taşırlar. Bu durumda, atalarımızdan anne babamıza geçen bu travmaları bizler de taşıyoruz denilebilir. Ancak bu travmaların çoğu beynimizde uyku halindedir. Çünkü sırlar şeklinde saklanırlar ya da farklı davranışlar ve tutumlar şeklinde doğrudan çocuklara aktarılırlar. Bunlar aile içi ensest, tecavüz, taciz, ölüm, cinayet, kürtaj ve işkenceler olabilir. O nedenle çoğumuzun ebeveyniyle ilgili bilmediği çok fazla sır mevcuttur. Üst nesillerin yaşadıklarına baksak savaşları, kıtlıkları, göçleri görürüz ve bunların hepsi de bizim beynimizdedir. Tüm travmalar amigdalada, bilinçdışında pusuya yatmış bir şekilde dururlar.

Elli yıl öncesine kadar psikoloji bilimi bu kadar gelişmiş olmadığı için üst nesillerin travmalarına bakmak belki de kimsenin aklına gelmemişti. Aileler de yaşadıkları, halının altına süpürdükleri travmaları çalışmadıkları için üst nesillerden aktarım yüzyıllar öncesinden beri sürmektedir. Üstüne üstlük bu travmaları çalışmak yerine insanlar çok fazla çocuk sahibi olmayı seçtiler. Bu durum aslında travmaların çok yoğun olmasından kaynaklanıyordu. Fakat sebebini tam olarak bilmedikleri bu çılgınca çoğalma isteğine bir yandan da haklı bir sebep bulmak zorundaydılar. Aile olmak, kültürel beklentiler, dini argümanlar, ne kadar kalabalık o kadar güçlü algısı, bir arada yaşama arzusu gibi gerekçeler ürettiler. Yalnızlığın zor gelmesi veya kalıcı bir travma sonucunda oluşan yalnızlık duygusu, bireyi aile olmak, çoğalmak arzusunun peşine düşürür; ihtiyaç yalnızlığın giderilmesidir. Başarısızlık duygusu, özgüven sorunu ve çaresizlik gibi yoğun duygular da bireylerde çoğalma isteğini artırır. Cinsellik başarılı olduğu bir yerdir ve bebek olursa herkesin ilgi göstereceğini bilir. Kişi kendisini değerli, başarılı hisseder.

Üremek, çoğalmak, güçlü olmak, zengin olmak ve bazı kültürlerde çok çocuklu olmak etrafa karşı bir güç gösterisidir. İnsanlar çok fazla çocuk sahibi olup travmalarını ya onlara ya da birbirlerine aktarırlar ya da erken yaşlarda farklı hastalıklara –kanser, şeker, tansiyon– yakalanarak hayatlarını kaybederler. Bağışıklık sistemine bağlı hastalıklar, kalp krizleri, beyin kanamaları; bunların hepsi aslında bedenimizde duran travmaların sonucunda oluşur. Bu travmalara çalışmak ise gerçekten kolay değildir.

Veli toplantısı yapılır. Kimi ana babalar koltukları kabararak
toplantıdan çıkar, kimileri ise gözyaşlarına boğulur.
Sebebi sınıfta hiç durmamak, uslu olmamak.
"Eve gidince görürsün sen!"
Bu cümleyi işiten kaç kişiyiz?

Hangi coğrafyada olursa olsun, ebeveynler bu travmaları taşır ve çocuklarına farklı şekilde aktarırlar. Örneğin; çocukların söz dinlemesi, uyumlu, akıllı ve uslu olması anne babalar için önceliklidir. Ancak eski zamanlarda, çocuğun uslu olması daha da çok beklenen bir durumdu. Bunun yanında anne ve baba, etraftaki insanlar çocuğun bu durumunu –ne kadar da uslu çocuk!– fark ettiğinde ödüllendirilmekten zevk alırlar. Çevredekiler, "Ne kadar uslu bir kızınız var. Ne kadar uslu bir oğlunuz var. Ne kadar efendi. Ne kadar hanımefendi. Bak nasıl söz dinliyor. Hiç annesinin sözünden çıkıyor mu? Bak hiç babasının elini bırakıyor mu?" gibi ifadelerle çocuğun uslu olduğunu anne babaya vurgularlar. Anne baba bu cümlelerle ödüllendirilir. Uslu çocuk birçok anne babaya göre bir kazanım olmakla beraber, çocuklar için büyük bir tehlikedir.

Çocuk Nasıl Uslandırılır?

Ebeveynler, kendi iç dünyalarındaki kötü duyguları taşıyamadıkları için çocuklarını olabilecek en söz dinleyen, en uyumlu çocuğa dönüştürmek isterler. Onları, duygularını göstermeyen bireyler haline dönüştürdüklerinde de rahatlarlar. Dışarıdan travmayı veren anne baba, çocuğu sürekli ya çok aşırı sevip kendine bağımlı yaparak uslu hale getirir ya da tam tersine, psikolojik ya da fiziksel şiddet uygulayarak çocuğu sindirir, susturur ve ondan uslu bir çocuk yaratır. Çocuk kendi olmaya çalıştığında, yaramazlık yaptığında, bir ihtimal annesinin sert bakışlarıyla karşılaşır. Belki o bakıştan sonra çocuğa fiziksel şiddet de uygular, ortam kalabalıksa en iyi ihtimalle kimseye çaktırmadan çimdik atar. Kimi anne babalar çocukları yaramazlık yaptıklarında ona küserler. Kimileri hiçbir yaramazlığı ödülsüz bırakmaz ve çocuğu cezalandırmayı tercih eder.

Eğer çocuğun yaramazlıkları anne ve babası tarafından şiddete başvurularak çözülüyorsa, çocuk bir süre sonra onlar tarafından zarar görmemek için çok erken yaşta ebeveynine boyun eğer. Şayet anne baba çocuğun yaramazlığına karşı küsme yöntemini kullanıyorsa, bu kez çocuk onları kaybetme korkusuna kapıldığı için boyun eğer. Terk edilmemek arzusuyla onları mutlu etmek için yaşamaya başlar. Yaramazlığı cezayla son buluyorsa aynı şekilde ruhsal olarak zarar görmemek adına yine onlara boyun eğecektir. Sonuçta bir çocuğun en büyük gayesi anne babası tarafından terk edilmemek ve onlarla mutlu olmaktır. Bu şekilde başlayan, yaramazlıktan uslu çocuk olmaya geçilen süreçle birlikte çocuk başkalarının yanında kendini ifade edemez hale gelir. Annenin babanın duygusu neyse onu göstermek, yansıtmak zorundadır. Anne ona başka bir yerde bir şey yememesini tembihliyorsa, başkalarının yanında bir şey yemeyecektir.

Anneniz o meşhur kabul günlerinden birine giderken sizi de yanında götürdü. Halının üstünde sofra bezi serili, çocukların hepsi de oradalar. Anneniz ev sahibine sesleniyor: "Yok o yemez, tok o." Bu cümleyi hatırlayan kaç kişiyiz?

Anne, "büyüklerin yanında çok fazla sesini yükseltme, çok fazla konuşma, onlara saygısızlık yapma" şeklinde yönlendirdiyse, çocuk dış dünyada, özellikle otoriteye karşı boyun eğen kurban rolüne girecektir. Anne baba çocuğu cinsellikle ilgili bastırmışsa, ona kadınlığın, erkekliğin kötü olduğuyla ilgili travmaları yüklemişse, artık o çocuk –kız ya da erkek fark etmez– kendi cinsiyetiyle ilgili ne dayatıldıysa onu yaşamaya, içselleştirmeye ve bunu kabul etmekte zorlanmaya başlayacaktır. Artık onun için kadın olmak ya da erkek olmak kötü bir şeydir.

Genel olarak ebeveynlerin huyudur; çocuğu uslu hale getirirler. Yaramaz olmasını istemezler. Oysa sağlıklı olan, çocuğun hareketli ve yaramaz olmasıdır. Genelde ruh sağlığı problemleri yaşayan insanların çoğunun küçük yaşta zorla uslu çocuğa dönüştürülmüş kişilerden oluşması tesadüf değildir. Çünkü çocuk haliyle kendi duyularının ve duygularının farkındalığını yaşayamamıştır. Yetişkin olduğunda da aynı problemler artarak devam eder.

Travmalı annelerin zihinlerinde idealize ettiği başka bir bebek, başka bir çocuk vardır. Bu çocuk çok akıllı, annesini çok seven, çevresine uyumlu, saygılı, derslerinde başarılı, iyi bir insandır. O genellikle sesini çıkarmayan, anneye karşı gelmeyen iyi çocuğa dönüşmeye çalışırken bir yandan da anne, içindeki travmaları ona aktarmaya devam eder. Ya da annenin zihninde kendi çocukluğu vardır. Bu süreç travmalı geçmiştir; kendisine bakım verilmemiş, ihmal edilmiş, o da bununla yüzleşememiştir. Bu nedenle doğurduğu çocuk, onun için başka birisi olur. Mesela, bebek acıktığı için ağladığında anne bu ihtiyacı anlayamaz. İçindeki çocuğa temas ettiğinden dolayı gerçekte çocuğun acıktığı için değil uykusu geldiği için ağladığını zanneder. Onu zorla uyutmaya çalışır. Ya da çocuk uykusu geldiği için ağlıyordur. Anne bunu algılayamaz, bir yerinin ağrıdığını zanneder. Bebeklikten itibaren yeterince sevilmemiş, şefkat gösterilmemiş, ihtiyaçları yeterince karşılanmamış kişi yetişkin olduğunda karşısındaki kişinin de ihtiyaçlarını algılayamaz, sevgi ve şefkat konusunda eksik kalır. Eğer bu kişi bir anneyse, bebeğinin ihtiyaçlarını anlama ve giderme noktasında o da aynı şekilde davranır, bebeğini eksik bırakır. Anne tarafından duyuları yani hisleri algılanmayan çocuk ise bir süre sonra kendi hislerinin ve duyularının peşinden koşmayı bırakır. Annesi ne zaman yemek veriyorsa o zaman yemek yemek, ne zaman uyu diyorsa o zaman uyumak zorundadır. Böylece kendi duyularını unutur; büyüyüp arkadaşlarıyla yemeğe gittiğinde ne yiyeceğini dahi bilemez hale gelir. Acıktığını hissetmez, uykusunun ne zaman geldiğini algılayamaz.

Evde psikolojik ya da fiziksel bir şiddet yaşandığında korkan çocuk oksitosine ihtiyaç duyar. Sarılıp sakinleştirilmesi gerekir ancak anne baba bunu yapmaz. Çocuk, ebeveynlerinin gözlerine bakarak kendisinin nasıl olduğunu algılamaya çalışır. Bu, "Eğer evdekiler mutluysa ben de mutluyum, evdekiler mutsuzsa ben de mutsuzum," anlamına gelir. Yani artık çocuk dış dünyadaki insanların gözlerine ve duygularına bakarak kendisinin nasıl olduğuyla ilgili bir yargıya varmaya başlar. Bu çocuklar uslu çocuklardır. Kendi duygularının farkında olmazlar.

Yaramaz çocuklar ise anne ve babalarından geçen travmaları oyuncaklarıyla oynayarak, tuhaf hareketler yaparak, bir yetişkine göre saçmalayarak, bir şeyleri kırıp dökerek, eşyaların yerlerini değiştirerek, bir yerleri dağıtarak atlatırlar. Aslında yapmaya çalıştıkları şey, içlerindeki kötü duyguları eşyalar ve oyunlar yoluyla dışarı atmaktır. Hiçbir çocuk uslu ya da yaramaz olarak dünyaya gelmez; içinde taşıdığı duygular onu yaramaz ya da uslu biri haline getirir.

Z Kuşağı'ndan olan danışanım hüngür hüngür ağlamaya başlamıştı. "Bana duygunu söyler misin?" diye sordum. "Ağlamak istiyorum ama hangi duygudayım bilmiyorum," dedi. "Mutsuz musun, üzgün müsün, öfkeli misin, bu ağlamanın bir karşılığı yok mu?" diye sorduğumdaysa yine aynı cevabı verdi. Böyle hisseden kaç kişiyiz?

İyi Niyetimin Kurbanıyım

Herkesin eninde sonunda ona kazık attığını, onu hayal kırıklığına uğrattığını söylüyordu. "Hayır diyemiyorum, benim sorunum bu. Herkese karşı iyi olmaya çalışıyorum. Şuraya gidelim mi Pınar? Gidelim. Hafta sonu müsait misin Pınar? Müsaitim. Mesaiye kalır mısın Pınar? Kalırım. Sanki bir karakterim yokmuş gibi. İçimdekileri söyleyemiyorum, rol yapıyorum gibi ama bir yandan da öyle değil. Yapmayı da istiyorum."

Pınar çok otoriter bir anneyle büyümüş, şimdilerde kırklı yaşlarını yaşayan, ekonomik bağımsızlığı olan bir kadındı. Çocukluğunda annesi onu dize getirmek için sürekli cezalandırırmış. En iyi ihtimalle onu odasına gönderir, herkesten izole ederek saatlerce orada bırakırmış. Sonra da annesi nasıl istiyorsa öyle bir kız çocuğuna dönüşmüş.

Şimdi çevresindekilerle ilişkisini de annesiyle kurduğu gibi kurduğunu fark etmesi ve kabullenmesi epey zaman aldı. Fakat süreç ilerledikçe duygularını ortaya çıkarmaya ve gerektiğinde hayır diyerek direnç göstermeye başladı.

Çocuğun sesini yükseltmesi, bağırması, istemiyorum demesi, anne ve babasından aldığı kaygıları, korkuları onlara geri vermesi aslında beyninde çok fazla travmatik duygu olduğunun göstergesidir. Toplum, bu tip çocukları yaramaz olarak adlandırır. Bu çocuklar büyüdüklerinde genellikle sosyal ilişkilerinde aktif olan, risk alıp korkunun üzerine giden, daha cesaretli davranışlar gösteren, şakalaşmayı, espri yapmayı daha fazla bilen bireyler olurlar. Tabii ki travmalarından dolayı bazı konularda istikrarsızlık ve tutarsızlık yaşayabilirler, psikolojik problemleri de vardır. Ama oyun oynayarak, sosyalleşerek, çocukluklarında yaptıkları gibi duygularını göstererek, seslerini çıkararak o travmatik duyguların birçoğunu boşaltırlar.

Uslu çocuklar ise bu duyguları boşaltamadıkları için her yerde bir otorite bulmaya çalışırlar. Utanırlar, sıkılırlar, aidiyet hissetmezler, otoriteye göre hareket ederler. Sevgi ve saygı onlarda aşırıdır. Sessiz kalmanın ödülünü alırlar çünkü çocukken anne babaları da bundan dolayı ödül almıştır. Ancak bunlar belli bir yaşa kadar tahammül edilebilir durumlardır, sonrasında bozulma başlar.

Yıllar ilerledikçe insanlardan en çok şunu duyarsınız:
"Keşke zamanında şunu şunu yapsaydım."
"Keşke şunun gibi yaşasaydım ya da
şunların peşinde koşsaydım."
"Kendim için daha fazla bir şey yapsaydım."
Böyle söyleyen kaç kişiyiz?

Çünkü bu tip insanlar için neşelenmek, şımarmak, eğlenmek, saçmalamak kötüdür. Başkalarının onlar hakkındaki düşüncelerine çok önem verirler. Başkaları tarafından iyi insan olarak algılanmak onlar için hayat memat meselesidir. İç dünyalarında ne kadar olumsuz duygu olursa olsun dışarıdan beyaz bir kâğıt gibi görünmek isterler. Bilinçdışında sade, günahsız, problemsiz, tamamen iyi ve anlayışlı insanlar gibi gözükmek hedefleridir, çünkü annelerinin arzusu da budur.

Anne veya babada kendini kirli, değersiz, yalnız ve terkedilmiş hissetme gibi ya da ölüm korkusu gibi travmalar varsa bunların tersine çevrilmesi zordur. Bu konularda kendilerini düzeltemeyen anne baba, çocuğunu düzeltmeye başlar. Normal bir çocuğun günlük hayatta oyun adına yaptığı küçücük bir yaramazlık bile onlara batar. Sürekli bir müdahale etme durumu söz konusudur. Çocuğa doğrudan bir eleştiri de yapılabilir. Bazen anne babanın kendi içindeki kavgası, şiddeti, birbirlerini istismar etmeleri, birbirlerine travma aktarmaları çocuğun yanında çok yoğun bir şekilde yaşanıyorsa, çocuk özellikle annesini korumaya alır. Anne üzülen taraftır, mağdurdur; baba ise zalimdir. Mağdur olanın duyguları çocuğa geçmeye başlar. Annesinin üzülmesine, parçalanmasına, yalnız kalmasına tanık olan, onun ölmesinden korkan çocuk artık hayatını onun isteğine göre şekillendirmek zorundadır. Onun söylediklerinin dışına çıkmak, onu üzmek demektir. Bu da annenin zarar görmesine yol açar. Sonuçta bu çocuklar, büyüdüklerinde hep bir başkası için yaşayan bireylere dönüşürler.

"Sen beni öldürmek mi istiyorsun?"
"Bak tansiyonum çıktı senin yüzünden."
"Sizin için bu hayata katlandım, nankörler."
"Eğer o kızla evlenirsen sana sütümü helal etmem."
"Ben saçımı süpürge edeyim, sen okuldan kaç, yazıklar olsun."
Bu cümlelerin bir ya da birkaçını duyan kaç kişiyiz?

Bu yüzden uslu çocuk olmayı bırakmamız gerekiyor, ama tabii ki bu kolay bir karar değil. Bunu nasıl yapabiliriz? Öncelikle, hayatta yapmakta zorlandığımız ama başkalarının ne kadar rahat yapabildiğini gördüğümüz konuları düşünebiliriz. Bunları bir sıraya koyabiliriz. Örneğin, insanların yanında dans edemiyorsunuz, bundan çok utanıyorsunuz. Kalabalık bir ortama girip kendinizi dans etmeye zorlamanız önemli bir adım olacaktır. Kendinize sınırları zorlayacağınızı, uslu çocuk olmayı bırakacağınızı söylemeniz, buna niyet etmeniz önemlidir. Dans ederken amacınız eğlenmek değil, zorlandığınız bu etkinliği yapmaya çalışırken hissettiğiniz duyguları bulmaktır. Bunu bir terapi şeklinde yaparsanız etkisi yüksek olur. Kendinize şunu söylemelisiniz: "Dans etmeye gideceğim, biliyorum çok zorlanacağım. Dans etmeye çalışırken hissettiğim duyguları bulacağım." Eğer buna cesaret edemiyorsanız, bundan utanıyorsanız, başkaları ne der, nasıl bakar gibi düşünceleriniz çoğalıyorsa, çocukluğunuz da bu duygularla geçmiş demektir. Yani amacınız bu duyguları bulmak, kök nedenleri keşfetmek olmalıdır. O duyguları bulup temas ederseniz duygular boşalmaya başlar. Diyelim ki çok fazla konuşmuyorsunuz, ortamda hep sessiz kalan kişisiniz, ağzınızı açsanız yanlış anlaşılmaktan korkuyorsunuz; demek ki siz o uslu çocuklardansınız. Bunun bilincinde olarak kendinize diyeceksiniz ki, "Evet, biraz daha fazla konuşacağım ve saçmalama hakkımı kullanacağım." Şunu bilin, fazla konuştukça kendinizi kötü hissetmeye başlayacaksınız. Beyniniz başkalarının duygularıyla ve düşünceleriyle hatta onların ne hissettikleriyle ilgilenmeye başlayacak. Çünkü günün sonunda beyniniz şunu hissedecek: Yanlış yaptın, hata yaptın, kötü oldun, rezil oldun... Üstüne gider, kendinizi zorlar, o duyguları bulur ve yapamadığınız davranışı çözerseniz, içinizdeki uslu çocuğun "kendisi" olmasına da izin vermiş olursunuz.

İsyankâr Bir Oğlum Var

Onu görür görmez içindeki uslu çocuğu fark edebilirdiniz. Nazik, ses tonu iniş çıkışla sonuçlanmayan, maddi durumu son derece iyi, iş ve özel hayatını oturtmuş bir havası vardı. Çok severek evlendiği eşinden on iki yılın sonunda medeni bir şekilde ayrılmış, iki çocuğunun tüm sorumluluğunu da üzerine almıştı. "İlgili bir babayım," diyordu, "eşimle ayrıyız ama çocuklarımın üzerine titriyorum." Gün geçtikçe ailedeki problemleri daha net bir şekilde anlatmaya başladı. "Yine küçük oğlanla birbirimize girdik. Tutturdu futbolcu olacağım diye. Kolu bacağı kırılır, bir kavgaya karışır Allah korusun. Beni boğuyorsun diyor bana kerata."

Kendi çocukluğunu sordum ona. Asker bir baba ve hemşire bir annenin biricik oğluydu. "Annem beni çok severdi, babam da öyle. Ben de çocuklarıma karşı çok ilgiliyim," derken, aslında onu işgal ettiklerinin ve şimdi de aynı şeyi oğluna yaptığının farkında değildi.

Tıpkı oğluna yaptığı gibi, onun da futbol oynamasına izin verilmemişti. Çorapsız gezmemiş, sınıfça pikniğe gidişi belki otobüs kaza yapar da ölür diye engellenmişti. Kendisi uysal bir çocuk olmuş ve tüm bunları kabullenmişti. Fakat oğlu yalnızca kendisi olmak istiyordu. İsyankâr değildi.

Bu örnekleri çoğalttığımızda kendine ket vurma davranışının çocukluktan kalma olduğunu daha da iyi fark edeceksiniz. Çocukken kendiniz için bir şey yaptınız. İçinizden gelen bir güdüyle hareket ettiniz, eleştirildiniz. Anneniz ya da babanız, bunu yapmaya devam ederseniz sizi bir daha sevmeyeceğini söyledi. Belki size vurdular, şiddet uyguladılar; canınız yandı. Tüm bunlar olurken siz ne öğrendiniz?

"Eğer kendin olursan öldürülürsün."
"Kendin olursan rezil olursun." "Kendin olursan annenin babanın çocukken yaptığı gibi yalnız kalırsın." "Kendin olursan cezalandırılırsın, tek başına kalırsın."
Bu hisle büyüyen kaç kişiyiz?

Bu hislerle donatılarak büyümüş insanlar yetişkinliklerinde çok fazla konfor geliştirirler. Aynı insanlarla görüşür, aynı evde yaşamayı ister, işlerini değiştiremez, hayatlarında yeni bir adım atamaz, risk alamaz, devamlı kendilerine güvenli alanlar yaratırlar… O güvenli alanların içinde kalmayı severler ve oturdukları yerden başka bir hayat izlerler. Çoğunda da belli bir yaştan sonra travma kaynaklı bedensel hastalıklar ortaya çıkar. Hâlâ kendilerine üzülmeye devam ederler. Etraflarındaki çoğu insan onların ne kadar iyi ve efendi olduklarından, ağızlarından tek bir gün bile kötü bir söz çıkmadığından, bir öf bile demediklerinden bahseder. "Herkesin iyiliği için koşar" dediğiniz bu tipteki kişiler, en uçtaki uslu insanlardır. Oysa gerçekte iyi olmak başka bir şeydir. Uslu çocuklar, başkalarına iyi olarak kendilerini yok ederler.

Başkalarının Hayatını Yaşamayın!

Hayatınızda alamadığınız riskleri bulun ve alın. Sizi ne yapmak zorlayacaksa onların peşinden koşun. Bu davranışı yaptıkça beyniniz küçük şoklar yaşayacak. O kötü dediğiniz duygular sizi zorlayacak. Siz zorlandıkça amigdaladaki duygular ateşlenmeye başlayacak. Sık yaşadığınız için daha çok açığa çıkan bu duygular sizi çocukluk anılarınıza götürecek ve daha fazla anı hatırlamaya başlayacaksınız. Belki bir süre kendinizi kötü hissedeceksiniz çünkü hayat risk aldıkça iyiye değil kötüye gider. Bu durum beyniniz için de geçerlidir. Her bir risk, her bir değişim, her bir konfordan çıkış beyin için tehlikelidir. "Kendimi ve sınırlarımı zorlayacağım. Rezil de olsam, yanlış da yapsam, farklı da algılansam, ne hissedersem hissedeyim; ben bu duyguları çocukluğumda yaşadım ve bunu, anılarıma temas etmek için yapıyorum," diyerek ve istikrarlı bir şekilde devam ederek bunları kendinize terapi gibi anlatmalısınız.

"Sevgilimin bu davranışına gıcık oluyorum. Hiç hoşuma gitmiyor ama söylersem aramız bozulabilir. Hatta bahane edip beni terk edebilir."
Böyle böyle susan kaç kişiyiz?

Bazen bu niyetle yaptığınızda da sesiniz çıkmaz, birisine boyun eğersiniz. Ama sesinizi çıkarmalı ve oradaki duyguya bakmalısınız. Eşinize çıkaramadığınız sesiniz bir anda duyulduğunda, hissettiğiniz "Ya beni terk ederse?" duygusudur. Ancak bu normalde eşinizin sizi terk etmesinden korktuğunuz anlamına gelmez. Çocukken, sesinizi çıkardığınızda babanızın ya da annenizin sizi terk ettiği duygusunu yaşamamak için bunu yapıyorsunuzdur. Beyniniz, şimdiki zamana ait bir zorlamanın üstüne gittiğiniz takdirde çocuklukta yaşadığınız zorlamaları size hatırlatacağını, bunların da sizi duygunun temeline götüreceğini söyler. Eğer temele gidip oraya temas etmezseniz, hâlâ gereksiz insanlarla ve gereksiz şeylerle uğraşan, onları düşünen biri olarak kalırsınız. Bunun yanında, hayatınızda sürekli değişen insanları görüp kendinizi konforda tutarak haline üzülen, hayatından yakınan birine dönüşürsünüz.

Bunu yapmayın. Bu hayatta ölüm var, yaşamın da süresi belli değil. Bu süresi belli olmayan ama sonu belli olan, sonrası ile ilgili eminlik duygusunun olmadığı, büyük bir belirsizliğin hüküm sürdüğü şu hayatta yapmanız gereken tek şey kendi potansiyelinizi aşabilmek, yapamam dediğiniz şeyleri yapabilir hale gelebilmek, risk alabilmek ve cesur olmaktır. Öbür türlü kalan tüm zamanınızı konfor alanınızda, istenmeyen duyguların içinde, kendinizi mutlu zannederek yaşarsınız.

Neşelenmek, saçmalamak, sıra dışı şeyler yapmak, farklı olmak, şımarmak, kaç yaşında olursa olsun her insanın hakkıdır. Bu haklarınızı kullanmanız gerekiyor. Eğer kullanmıyorsanız, kullanamıyorsanız siz kocaman, uslu bir çocuksunuz.

Bunun kimseye faydası yok desem de şunu unutmayın; başkalarına faydası olur ama size hiçbir faydası olmaz. Başkaları sizinle güvenli ve uyumlu bir şekilde yaşar. Ama siz sürekli başkalarının hayatını yaşamak, onların duygularını düşünmek zorunda kalırsınız. Uslu çocuk olmayı bırakın. Eğer biraz yaramaz çocuk olmayı başarabilirseniz ve bunda istikrarlı olursanız, beynizde oluşacak yolaklardan dolayı hayatınıza bir yıl içinde neleri çekebileceğinizi tahmin edemezsiniz. Yoksa ömrünüz oturduğunuz yerden sürekli dilek tutmakla, rakamları ezberlemekle, olumlamalar yapmakla geçer. Bunun da gerçekliği beyin için olası bir şey değildir. İyileşmek adına uslu çocuk olmayı bırakın.

ÇOCUKKEN YAŞANANLAR ÖZGÜVENİ NASIL SARSAR?

Çöz Beni'ye başladığımız zaman amaç kişilere yaşadıkları olayların sadece onlara ait olmadığını, başkalarının da aynı zorluklardan, süreçlerden, travmalardan geçtiğini göstermekti. Sanıyorum başarılı da olduk. Geri dönüşleri de en az o videolar kadar etkili oldu. Programa katılan arkadaşlar öncelikle bir adım atma isteği olan kişilerdi. Cesaret etmiş ve içlerini bana dökmüşlerdi. Onları izleyen binlerce insan ise, başka bir hayatın içinde kendi çocukluklarının, travmalarının yansımalarıyla karşılaştılar. Orhan'la ilgili her şeyden önce ona söyleyeceğim söz teşekkür etmek olur. Cesareti, samimiyeti ve bana olan inancı için…

Bu bölümlerde diyalogları okuyacak ve sonrasında kısa kısa analizler bulacaksınız. Diyalogları dikkatle okuyun ve sonra ara analizlere odaklanın. Belki siz de çözülmesi gerekenleri içinize sorma cesaretini gösterirsiniz.

A.K.: Hoş geldin.

\+ Hoş bulduk.

A.K.: İsmini öğrenebilir miyim?

\+ Orhan.

A.K.: Orhan, nasılsın?

\+ Karışık.

A.K.: Senin için karışık olan nedir şu an?

\+ Ooo, bir sürü korku, heyecan, gerilim var.

A.K.: Bir rahatlayamıyoruz ya, ne geriyor seni?

\+ Konunun ne olacağı geriyor.

A.K.: Böyle beyninde istediğin istemediğin konular diye ayrım yapıyor musun?

\+ Çok fazla.

A.K.: Hayatının bu dönemleri zor mu geçiyor?

\+ Geçiyor tabii ki. Eski çevrem değişiyor, yeni insanlar tanıyorum, yeni şehir.

A.K.: Değişimler var hayatında…

\+ Tabii ki.

A.K.: Bunlar da zorluyor seni.

\+ Zorluyor.

A.K.: Baş etmen gereken birçok şey var hayatta, bu da seni rahatsız ediyor. Karışıp karışıp duruyorsun.

\+ Eskiden kötü bir duyguya girdiğimizde destek çıkanımız çok oluyordu. Şimdi böyle bir yalnızlık hissi illa ki geliyor. Küçüldük sanki ama daha güçlü bir küçülme olmuş gibi.

A.K.: Sürekli iyi konuşmaya çalışıyorsun, farkında mısın?

\+ Beynimde hep diyorum ki, bir şeyler hep iyi olacak, olmalı.

A.K.: Çocukken çok kötü şeyler olmuş. Düzelmesi, bitmesi, geçmesi gereken ne var?

\+ O kadar çok geçmesi gereken şey var ki, hangisini seçeyim?

A.K.: Çocukken evde en çok kimin kafası karışıktı?

\+ Annemin kafası çok karışıktı.

A.K.: Annenle ilgili bir anı anlatır mısın? (Danışan duraksıyor.) Bir şey zorluyor sanki?

\+ Evet, iki anı arasında kaldım yine.

A.K.: İki tane anne var, kim onlar?

\+ Biri annem, biri teyzem.

A.K.: Bazen bebeklere, çocuklara anneyle birlikte teyze ya da anneanne de çok fazla bakım veriyor. İyi ya da kötü bir ilişki kuruyor.

\+ Bir arsadan geçerken iki üç tane köpek saldırmıştı bize, çok küçüktük. Annem korumuştu o zaman bizi.

A.K.: Orada bir duralım. Çocuk korkuyor orada, değil mi?

\+ Titriyorum hatta korkudan.

A.K.: Köpek onu öldürebilir, parçalayabilir…

\+ Evet.

A.K.: Anne ona sarılıyor mu?

\+ Evet, elimi tutuyordu benim. Diğer elinde poşetler vardı. Tam köpekler üzerimize koştururken çantasıyla onlara vurup kurtardı bizi.

A.K.: Hayatını kurtardı, sonra elini bıraktı mı senin?

\+ Bir yere gittik herhalde, orada bıraktı.

A.K.: Bir daha tutmadı mı?

\+ O olayla ilgili bir daha hiç konuşmadık. Sorsan belki hatırlamaz bile.

A.K.: Evli misin?

\+ Evliyim.

A.K.: Karınla aran nasıl?

\+ Bazen iyi, bazen kötü.

A.K.: Şimdi kendine söyle: Çocukken annem hayatımı kurtardı. İlk defa bana o kadar derinden sarıldı. Ne zaman işler kötü gitse, karıma sarılıp bağımlı oluyorum. Onu annem gibi görüyorum. İlişkimiz bazen iyi oluyor, bazen kötü oluyor.

\+ Çocukken annem hayatımı kurtardı. İlk defa bana o kadar derinden sarıldı. Ne zaman işler kötü gitse, karıma sarılıp bağımlı oluyorum. Onu annem gibi görüyorum. İlişkimiz bazen iyi oluyor, bazen kötü oluyor.

Duygusal Karmaşıklık: Orhan'ın duygusal durumu karmaşık. Duygularını anlamak ve yönetmek için duygusal farkındalık üzerine odaklanması gerekecek.

► **Öneri:**
Duygularınızı tanımak, kabul etmek ve ifade etmek için zaman ayırın. Duygusal deneyimlerinizle daha iyi başa çıkmanızda yardımcı olacaktır.

Değişim ve Başa Çıkma: Orhan'ın hayatında bir yandan da ister istemez değişimler ve dönüşümler gerçekleşiyor. Bu değişimler onu zorluyor ve muhtemelen tüm bu süreçlerde kendisini yalnız hissediyor.

▶ **Öneri:**
Kendinize zaman tanıyın. Alan açın, yeni durumlara uyum sağlamak için hazırlanın ve ihtiyaç duyduğunuzda destek alın.

Anne: Orhan'ın annesiyle olan ilişkisini ve duygusal bağını keşfetmek için bu konuya da odaklanması ve zaman ayırması gerekiyor. Aynı zamanda eşiyle olan ilişkisinde annesinin rolünü fark etmesi de şart. Geçmişte yaşanan o önemli olayı ve hissettiklerini annesiyle açık bir şekilde paylaşması da gerekecek.

▶ **Öneri:**
Bağımlılık hissinizin kaynağını anlamak ve sağlıklı ilişki dinamikleri geliştirmek için ilişkinizi açık ve dürüst bir şekilde değerlendirmeye çalışın.

▶ **Öneri:**
İletişim yoluyla geçmişinizi ve duygusal ihtiyaçlarınızı ifade etmek, karşınızdaki insanla aranızdaki bağlantıyı güçlendirebilir. Konuşmaya, kendinizi ifade etmeye açık olun.

"Travmalarımı Taşımak Zor Geliyor"

A.K.: Beş yıl içinde ulaşmak istediğin hayalin, hedefin nedir?

\+ Bu soru çok soruluyor. İş olarak mı cevaplamam gerekiyor?

A.K.: Her şey olabilir, içinden ne geliyorsa.

\+ Ben hep beş yıl sonra güzel bir hayatımın olmasını hayal ederim.

A.K.: Bu hedef değil, istek.

\+ Ama hayattaki hedefim şu olabilir; mesela, bir iş insanı olmak isterim.

A.K.: Başarılı, güçlü, saygı duyulan. Onu yazabilir misin tahtaya?

\+ (Ayağa kalkıp tahtaya yazıyor.) Yazım da çok kötüdür.

A.K.: Hemen kendine bir küçümseme attın. Bayılıyoruz buna, ne zaman iyi bir şey yapacağız, hemen bir küçümseme atıyoruz kendimize.

\+ Hiçbir zaman adımın önünde bir unvan olsun istemezdim ama artık istiyorum.

A.K.: Artık istiyorsun, "İş insanı Orhan."

\+ Tahtaya kalkmaktan hep korktum.

A.K.: Nasıl?

\+ Küçükken tahtaya kalkmaktan hep korkardım.

A.K.: Niye?

\+ Görünür olma korkusu herhalde, bir de bilemediğimiz zaman öğretmenler çok döverdi.

A.K.: Tahtaya kaldırıp bir de, öyle mi?

\+ Evet, biz de bilemezdik, dayağı yerdik.

A.K.: İşte bu davranışlar ileride topluluk önünde konuşmayı etkiliyor. Heyecan duymayı, kaygılanmayı, endişelenmeyi ister istemez artırıyor. Her şeyi düzgün yapmaya, hata yapmamaya çalışıyorsun, yoksa suçlu olursun. Böyle bir düşüncen olabilir mi?

\+ Olabilir. Yüzde yüz diyebiliriz.

A.K.: Nasılsın şu an?

\+ Biraz daha sakinim.

A.K.: Sakinsin. Ne iyi geldi?

\+ Bazen insanın kendisine bile söylemediği şeyler oluyor. Onları söylediğin zaman o duygunun çok iyi geldiğini fark ediyorsun. Karşı tarafın da bunu anlaması tartışılmaz şekilde iyi bir duygu.

A.K.: Anlaşılmadığında ne yapardın?

\+ Çok çıldırırdım, her yeri yumruklardım. Evin her tarafında, duvarlarda, saat izlerim var.

A.K.: Her yerde mi?

\+ Genelde mutfakta, yatak odasında... Hep demir saat takıyorum, sert de vurunca...

A.K.: (Duvara vuruyor.) Böyle sesler çıkıyor muydu? Vursana böyle. Nasıl bir his?

\+ (Arkasındaki duvara saatiyle sertçe vuruyor.) Boşalmak gibi bir his.

A.K.: Böyle rahatlıyorsun.

\+ Atıyorsun içindekini, gidiyor.

A.K.: Çocukken kim öfkeliydi evde?

\+ Hepsinde çok öfke vardı ama dedemde çok yoğundu. Saddam Hüseyin.

A.K.: Lakabı bu muydu?

\+ Evet, Saddam Hüseyin.

A.K.: Sert bir dede... Vurup kırıp döker miydi?

\+ Ona vurup kırıp dökmek denmez, o başka bir psikoz evresi bence. Sopalara çivi takıp vururdu insanlara.

A.K.: İşkence yapar gibi mi?

\+ Ve bunu evlatlarına yaptığını düşün.

A.K.: Çocuklarını mı dövüyordu?

\+ Evet, galiba.

A.K.: Sen bunu görüyor muydun?

\+ Kafamda bununla ilgili hiç hayal yok. Bilmiyorum, hep anlatılan hikâyeler bunu kanıtlıyor ama görmedim. Annemler çok küçükken olmuş. İnsanlar yaşlanınca artık iyi oluyorlar ya, bu konular unutuluyor artık. Öylesini görmedim ama beni de dövdü.

A.K.: Seni dövdü mü?

\+ Tabii çok dövdü, ama o kadar sert değil. Bir yere en fazla yirmi kere vuruyordu.

A.K.: Yirmi kere vurup yapıştırırdı öyle mi?

\+ Bir de herkesin içinde yapardı özellikle. Bütün esnafın önünde sadece işe beş on dakika geç kaldım diye dövmüşlüğü vardır. Yedi yaşında falandım ben.

A.K.: Bunu gülerek anlatıyorsun. Tamam, şimdi söyle kendine: Travmalarım ağır, bazen taşımak zor geliyor.

\+ Travmalarım ağır, bazen taşımak zor geliyor.

A.K.: Şimdi hayal etmeni istiyorum, vurduğu o anlardan bir tanesini gözünün önüne getir. Nerene vuruyor?

\+ Sol yanağıma vuruyor, buraya vurdu. (Eliyle gösteriyor.)

A.K.: Yüzüne vuruyor. O çocuğa söyle şimdi: Dedenin ruh sağlığı yerinde değil. Sana şiddet uyguluyor, bu senin kaldırabileceğin bir yük değil, bu sana çok ağır geliyor. Deden sana her vurduğunda seni görünmez yapıyor. Seni yok ediyor, artık bunları taşımayı bırak.

\+ Dedenin ruh sağlığı yerinde değil. Sana şiddet uyguluyor, bu senin kaldırabileceğin bir yük değil, bu sana çok ağır geliyor. Deden sana her vurduğunda seni görünmez yapıyor. Seni yok ediyor, artık bunları taşımayı bırak.

A.K.: Söyle ona, deden gerçekte seni öldürmek istemiyor. Travmalarından dolayı bunu yapıyor. Ama sen çocuksun, bunu anlayacak yaşta değilsin.

\+ Deden gerçekte seni öldürmek istemiyor. Travmalarından dolayı bunu yapıyor. Ama sen çocuksun, bunu anlayacak yaşta değilsin.

A.K.: Şimdi nasılsın?

\+ Linç edilecekmiş gibi hissediyorum kendimi.

A.K.: Güzel, tamam. Şimdi kapa gözünü ve söyle kendine: Deden seni başkalarının yanında dövüyor, etraftan görenler seni kurtarmıyorlar. Onlar da kötü duygu atıyorlar. Büyüdüğünde, görünür olduğunda tekrar bunları hissedeceksin. Bu duygu gerçek değil.

\+ Deden seni başkalarının yanında dövüyor, etraftan görenler seni kurtarmıyorlar. Onlar da kötü duygu atıyorlar. Büyüdüğünde, görünür olduğunda tekrar bunları hissedeceksin. Bu duygu gerçek değil.

A.K.: Bu nasıl geldi?

\+ Mantıklı.

Travmaları Tanıma: Orhan'ın travmatik deneyimleri ve geçmişte yaşadığı şiddet olayları var. Öncelikle travmalarını net bir şekilde tanıması gerekiyor.

▶ **Öneri:**
Travmalarınızın etkilerini anlamak ve onlarla baş etmek için terapi gibi destek araçlarından faydalanabilirsiniz.

Kendi İçinizdeki Gücü Keşfetme: Orhan'ın gördüğü psikolojik ve fiziksel şiddet sonrası kendisini görünmez ve yokmuş gibi hissettiği ortada.

▶ **Öneri:**
Kendinize güveni yeniden inşa edin. Kendi değerinizi keşfetmek için içsel çalışmalara ağırlık verin. Yoga, meditasyon, grup terapileri deneyebilirsiniz.

Geçmişle Yüzleşme: Geçmişi hatırlamak istemeyince, hatırlamadığını düşününce ya da yok sayınca yaşadıklarımız ortadan kaybolmuyor. Onları yaşadık ve yüzleşmeliyiz.

▶ **Öneri:**
Geçmişinizle yüzleşmelisiniz. Bunu şimdiki zamanı kurtarmak ve geleceği doğru bir yöntemle şekillendirmek için yapmalısınız.

Kendine Şefkat: Psikolojik ya da fiziksel olarak şiddete maruz kalan çocuklar yetişkin olduklarında kendilerine karşı küçümseme ve suçlama eğiliminde olabilirler.

▶ **Öneri:**

Kendinize karşı şefkatli olun. Hatalarınızla öyle ya da böyle barışın. Kendini sevme, kabul etme ve kendi iç sesinizi olumlu yönde yönlendirme becerilerinizi geliştirin.

"İnsanlara Duygularımı Anlatamıyorum"

\+ Mendilimi de yanımda getirdim.

A.K.: İyi yaptın valla. Eskiden insanlar mendilsiz gezmezmiş.

\+ Demek ki eski erkekler ağlayabiliyormuş. Ondan mendil taşıyorlarmış, şimdi çözdüm.

A.K.: Ağlamak normal bir şey. Onu da öğret kendine: Ağlamanın erkeği kadını olmaz. Bu ülkede bunu yanlış öğrettiler herkese. Erkekler de duygularını gösterebilir. Sadece kadınlara özgü bir şey değildir bu. Bir erkeğin ağlaması, üzülmesi onun gerçek bir erkek olduğunu gösterir. Güçlü bir erkek olduğunu gösterir. Güçlü bir insan olduğunu gösterir.

\+ Ağlamanın erkeği kadını olmaz. Bu ülkede bunu yanlış öğrettiler herkese. Erkekler de duygularını gösterebilir. Sadece kadınlara özgü bir şey değildir bu. Bir erkeğin ağlaması, üzülmesi onun gerçek bir erkek olduğunu gösterir. Güçlü bir erkek olduğunu gösterir. Güçlü bir insan olduğunu gösterir.
İşte bu konuştuğumuz, herkese anlatmak istediğim erkek tanımı.

A.K.: Yani bir erkeğin duygularını konuşabilmesi, yaşayabilmesi mi?

\+ Birini dövmek, güçlü olmak erkeklikmiş gibi geliyor.

A.K.: Onu da söyle kendine: Dedem gücünü döverek gösteriyordu, ara sıra dövüyordu. İş insanı Orhan, şimdi öğret kendine bunu: Çok güçlü olursam, çok zengin olursam dedeme dönüşmekten korkuyorum.

\+ Dedem gücünü döverek gösteriyordu, ara sıra dövüyordu. Çok güçlü olursam, çok zengin olursam dedeme dönüşmekten korkuyorum.
Allah korusun. Bazen düşünüyorum; böyle bir kâğıt olsun, insanların isimlerini yazalım, yarısına iyi, yarısına kötü. Bize hissettirdikleri duyguları yazalım, sonra görüşmeyelim.

A.K.: Ama bilsinler diyorsun. Tamam onu da söyle kendine: İnsanların yüzüne duygularımı söyleyemiyorum.

\+ İnsanların yüzüne duygularımı söyleyemiyorum. Çünkü söylediğim zaman çok değişik oluyor.

A.K.: Ne oluyor?

\+ Deliymişim gibi hissettiriyorlar.

A.K.: Susturuyorlar. Kendine söyle: Küçükken duygularımı anlatamıyordum. Küçümsüyorlardı, hâlâ utanıyorum. Bu yüzden hayır diyemiyorum. Artık sesimi çıkarabilirim.

\+ Küçükken duygularımı anlatamıyordum. Küçümsüyorlardı, hâlâ utanıyorum. Bu yüzden hayır diyemiyorum. Artık sesimi çıkarabilirim

A.K.: Dedenin bir de sürekli bir batış, kaybetme hikâyesi var galiba...

\+ Batmasının nedenlerini de çok iyi biliyorum. Neden olduğunu ya da neden olmadığını biliyorum.

A.K.: Bir iki tanesini söyler misin?

\+ Batma nedenlerinden biri pavyon alışkanlıklarıdır.

A.K.: Şöyle oluyor diyebiliriz; deden parayı kazanıyor, oralarda tüketiyor. Travmaları var, travmalarından kaçıyor. Biz öyle bakıyoruz aslında.

\+ Kesinlikle. Yatırımlarını yanlış yerlere yaptı, sevgiyi onlarda aradı.

A.K.: İyi duygu arıyor, travmalarından kaçış bu.

\+ Kaçtı, öyle.

Duygusal İfade Yeteneğini Geliştirmek: Orhan'ın duygularını rahatça ifade edebilmesi için üzerinde çalışması gerekiyor. Duygularımızı ifade etmemizin cinsiyetlerimizle hiçbir ilgisi yok. Duygularımızı göstermemiz, aksine bizleri daha güçlü ve gerçek bir insan yapar.

▶ **Öneri:**
İlk başta gerçek duygunuzu karşınızdaki insana söyleme cesaretini gösteremeyebilirsiniz. Bunun için önce kendinizle çalışmanızı öneririm. Ayna karşısında olabilir ya da en iyi yöntemlerden biri duyguları yazıya dökmektir.

Kendine Güven: Duygularımızı ifade ederken kendimize güvenmemiz gerekiyor. Başkalarının tepkilerinden korkup sustuğumuz zamanlar büyüklük bizde kalmıyor. Tam aksine o küçük korkak çocuğa dönüşüyoruz.

▶ **Öneri:**
Senin duyguların önemli. Ne hissettiğin önemli ve bu hislerini ifade etme hakkına sahipsin. Sınırlarını belirleyerek, başkalarının seni susturmasına izin verme. Geçmişte anlaşılmadığın, küçümsendiğin veya utanç duyduğun anları hatırlayarak neden duygusal ifade konusunda güçlük çektiğini anlamaya çalış.

Kendine Öncelik Vermek: Orhan, aslında sadece duygularını yok saymıyor, duygularını yok sayarak kendisini de yokmuş gibi hissediyor. Oysa başkalarının istek ve beklentileri onun duygularını ifade etmesinin önüne geçmemeli.

▶ **Öneri:**
Kendi iç sesini dinle. Duygusal ihtiyaçlarını belirle. Şunu aklından çıkarma: Her bireyin duygularını ifade etme şekli farklıdır. Kendi yolunu bulmak için sabırlı, şefkatli ol ve kendine değer ver. Duygularını ifade etme konusunda daha rahat hissetmeye başladıkça, ilişkilerinde daha derin ve anlamlı bağlar kuracaksın.

"Beyin Korkuları Arzuya Dönüştürür"

A.K.: Nasılsın?

\+ Aydınlanmış gibiyim.

A.K.: Ne iyi geldi mesela?

\+ Bunları çözümleyebilmek, görebilmek, kendi hayatına uyarlayabilmek. Geçmişte çok örnekleri var; yüzleşmek, bağları koparmak ve kendini bulmak, kendi istediğin işi yapabilmek, kendine yatırım yapabilmek. Bunların hepsi iyi gelen şeyler ama kötü olanlar da var.

A.K.: Söyle onları kendine: İşler büyüdükçe daha kötü olacağım. Çünkü dedem batıyordu. Ben de batmaktan korkacağım.

\+ İşler büyüdükçe daha kötü olacağım. Çünkü dedem batıyordu. Ben de batmaktan korkacağım.
En büyük korkularımdan biridir bu.

A.K.: Beynimizde bir korku varsa ve eğer onu çalışmazsak, o konuya ait sorunları çözmezsek korku eninde sonunda yaşanıyor. Beynimizde çok tuttuğumuz korkular var; yalnız kalma, başarısız olma, batma, kıtlık bilinci, terk edilme korkusu, aldatılma korkusu gibi... Bu korkular çoksa, bir süre sonra beyin o korkuları arzuya dönüştürüyor. Tatmak istiyoruz bunları. Aldatılma korkumuz varsa partnerimize sürekli aldatılma korkusu veriyoruz; ona aşırı müdahale ediyoruz, onu zorluyoruz, tahrik ediyoruz. Bu duyguyu onun zihnine sokuyoruz. Batma korkumuz varsa yanlış insanlarla, bizi batıracak insanlarla iş yapmaya başlıyoruz. Çünkü iç dünyamız iyi değilse beynimiz de iyi olmayanları buluyor. Yanlış yatırımlar bir şekilde beynimizi batırıyor, aslında batmak ve çıkmak tamamen psikoloji ile ilgili.

\+ Buna inanıyorum.

A.K.: Aldatılmak, aldatmak her iki tarafın da travmasıdır. Aldatılan da travma yaşamış çocuklukta, aldatan da. Aldatanla aldatılan buluşmak zorunda, buna döngü deniyor. O döngüde çarpışacaksın. İki taraf da kendini çalışmazsa biri aldatmaya, diğeri de aldatılmaya devam edecek.

\+ Doğru.

A.K.: Aldatılan bunu kader olarak kabul edecek, erkekler şöyle ya da kadınlar böyle diyecek. Bir sürü hikâyeler uyduracak. Bu duruma temelden bakmak lazım.

\+ Çok zor, evet.

A.K.: Tamam, bunu söyle kendine: Anlattıkların ağır geldi; ben erkeğim, keşke bunun kısa bir yolu olsa. Dedem bu duygulardan kurtulmak için çeşitli hazların peşinde koştu ama yapamadı. Arada bir eğlenebilirim, bunu bağımlılığa dönüştürmeyeceğim. Kendimi geliştirmenin yollarını arayacağım. Daha iyi bir iş insanı olabilmek için kendimi geliştireceğim.

\+ Anlattıkların ağır geldi; ben erkeğim, keşke bunun kısa bir yolu olsa. Dedem bu duygulardan kurtulmak için çeşitli hazların peşinde koştu ama yapamadı. Arada bir eğlenebilirim, bunu bağımlılığa dönüştürmeyeceğim. Kendimi geliştirmenin yollarını arayacağım. Daha iyi bir iş insanı olabilmek için kendimi geliştireceğim.

A.K.: O küçükken yüzüne yumruk yiyen çocuk var ya, hani tokatlanan; ona da anlat bunları.

\+ Evet, dedemden dolayı…

A.K.: Onu bir hatırla.

Korkuları Çalışma: Öncelikle Orhan'ın korkularını fark etmesi ve üzerinde çalışması gerekecek. Korkularını fark etmesi önemli bir adım, nedenlerini ve çözüm yollarını bulması için küçük bir kapı aralığı. Bir yandan da beyindeki korkuların zamanla arzuya dönüşme ihtimali var. Batma korkusu yaşıyorsa batma ihtimalinin çok yüksek olması gibi.

▶ **Öneri:**
Korkularınızı fark edin. Kök nedenleri bulun ve döngünüzü kırmak için üzerinde çalışın.

Bağımlılıklardan Kaçınma: Orhan'ın dikkat etmesi gereken bir konu var. Orhan üzerinden de tüm okurların. Kendinizi geliştirmenin yollarını ararken, bağımlılığa dönüşebilecek hazlardan da kaçınmanız gerek.

▶ **Öneri:**
Geçici hazlar yerine uzun vadeli başarı ve mutluluğu hedefleyin. Eğlenceye zaman ayırabilirsiniz, ancak bunun bağımlılığa dönüşmemesine dikkat edin.

Olumsuz İnançlardan Kurtulma: Orhan'ın öncelikle olumsuz inançlarını tespit etmesi gerekiyor. Bu batma korkusu da olabilir, ben değersizim yanılgısı da.

▶ **Öneri:**
İç dünyanızı iyileştirmek ve sağlıklı bir zihin elde etmek için çaba gösterin. Kendinizi geliştirme, olumsuz inançları değiştirme, özsaygıyı artırma konularında sık sık çalışın.

Geçmiş Deneyimlerle Yüzleşme: Orhan dedesiyle yaşadığı deneyimleri hatırlayarak bu korkuların neden ortaya çıktığını da görmüş oldu. O korkularını daha da anlayarak ilerleyecektir.

► **Öneri:**
Geçmişinizi anlamlandırın ve mümkünse o geçmişte her ne yaşandıysa kabul edin. Bu, gelecekte daha sağlıklı bir zihne sahip olmanızı sağlayacaktır.

"Korkuyla Sevilmek İstemiyorum"

\+ Bin tane dükkânı olan bir iş hanının ortasında, halin en zengin adamının torunu dayak yiyor.

A.K.: Anıda kal.

\+ Çok zor…

A.K.: Öğret çocuğa şimdi: Büyüdüğünde çok daha güvenilir olmak isteyeceksin. Daha güçlü ve zengin olmak isteyeceksin. Zengin oldukça öldürülme korkun artacak. Birileri sana zarar verecek diye endişe edeceksin. Bu travmayı sana deden verdi. Artık bunu taşımana gerek yok.

\+ Büyüdüğünde çok daha güvenilir olmak isteyeceksin. Daha güçlü ve zengin olmak isteyeceksin. Zengin oldukça öldürülme korkun artacak. Birileri sana zarar verecek diye endişe edeceksin. Bu travmayı sana deden verdi. Artık bunu taşımana gerek yok.

A.K.: Başarılı da olabilirsin, bazen başarısız da olabilirsin.

+ Başarılı da olabilirsin, bazen başarısız da olabilirsin.

A.K.: Deden seni başarısız olduğun için dövmedi. Yetersiz olduğun için dövmedi. Güvenilir olmadığın için dövmedi.

+ Deden seni başarısız olduğun için dövmedi. Yetersiz olduğun için dövmedi. Güvenilir olmadığın için dövmedi.

A.K.: İyi ya da kötü biri olup olmadığınla ilgili değildi, kendi travmaları yüzünden dövdü.

+ İyi ya da kötü biri olup olmadığınla ilgili değildi, kendi travmaları yüzünden dövdü.

A.K.: Güçlü olsan da olmasan da, zengin olsan da olmasan da sen değerlisin.

+ Güçlü olsan da olmasan da, zengin olsan da olmasan da sen değerlisin.

A.K.: Değerli hissetmek önemli bir şey.

+ Gerçekten çok güzel bir şey, ulaşılması zor bir şey.

A.K.: Evet, yeterli hissetmek, sevildiğini hissetmek... Çok karışık duygular var içinde ama o duyguyu kendi kendimize hediye edeceğiz.

+ Başkasından beklemek zor ve gereksiz.

A.K.: Zengin olmak bizi değerli yapmaz. Biz değerliysek bu bize zenginlik katar sadece.

+ Değeri parayla ölçmeyeceğiz.

A.K.: Orada amaç çok zengin olmak değil, sınırları zorlamak olmalı. Sınırları görmek, daha ne kadar çok para kazanabilecek potansiyelim var, daha ne kadar kendimi geliştirebilirim de büyüyebilirim diye düşünmek; bunlar çok güzel.

+ Kesinlikle.

A.K.: Oranın bir limiti yok, azı ya da çoğu yok.

+ O serüveni izlemek istiyorum ben. Kendi hayatımla ilgili hayal ettiğim her şeyi yapmak istiyorum artık. Ulaşamam dediğim her şey aslında ulaşılabilirmiş. Sadece biz büyütmüşüz gözümüzde. Bunları fark etmek iyi geliyor. Ticaret zaten ağlarını kendi açıyor, hakikaten her şey kendiliğinden oluyor.

A.K.: Yine söyle: Sürekli iyi şeyler konuşuyorum.

+ Sürekli iyi şeyler konuşuyorum.

A.K.: İyi şeyleri anlatırsak, bunlar bir süre sonra biter. Onu da öğret kendine. Çocukken evde hep iyi şeyler konuşuluyor gibi oluyor ama aslında kimse iyi bir şey konuşmuyor. Onu da söyle: Kötü duyguya çok girdiğimde oradan eğlenerek çıkıyorum.

+ Evet, seviyorum da. Kötü duyguya girdiğimde oradan eğlenerek çıkıyorum.

A.K.: Hemen şakalaşıyorum, espri yapıyorum. Bundan sonra kötü duyguya girdiğimde orada biraz daha kalmayı geliştireceğim.

+ Hemen şakalaşıyorum, espri yapıyorum. Bundan sonra kötü duyguya girdiğimde orada biraz daha kalmayı geliştireceğim.

A.K.: Dedem duyguda kalamıyordu. Kötü hissettiğinde onu bana atıyordu. Ben de gülerek başkalarına atıyorum. Bunu azaltacağım.

+ Dedem duyguda kalamıyordu. Kötü hissettiğinde onu bana atıyordu. Ben de gülerek başkalarına atıyorum. Bunu azaltacağım.

A.K.: Bunu azalttığım zaman, travmalarımı daha çok hatırlayacağım. Anılarıma daha çok gideceğim. Oradaki duyguları yaşayacağım, onları boşaltacağım.

+ Bunu azalttığım zaman, travmalarımı daha çok hatırlayacağım. Anılarıma daha çok gideceğim. Oradaki duyguları yaşayacağım, onları boşaltacağım.

A.K.: Beynim sakinleşecek. Altı ay sonra sakin beynimle daha doğru kararlar almaya başlayacağım.

+ Beynim sakinleşecek. Altı ay sonra sakin beynimle daha doğru kararlar almaya başlayacağım.

A.K.: İş yaptığım insanlar değişecek, bazılarından uzaklaşacağım. Önce biraz kötü gidecek işlerim, sonra toparlanacak.

+ İş yaptığım insanlar değişecek, bazılarından uzaklaşacağım. Önce biraz kötü gidecek işlerim, sonra toparlanacak.

A.K.: Sakin ve güçlü bir iş insanı olacağım. Saldırgan ve güçsüz değil. Çünkü şiddet uygulayanlar güçsüz ve saldırgan insanlardır.

+ Sakin ve güçlü bir iş insanı olacağım. Saldırgan ve güçsüz değil. Çünkü şiddet uygulayanlar güçsüz ve saldırgan insanlardır.

Korkuyla sevilmek istemiyorum zaten. Biri benden korktuğu için beni sevmesin.

A.K.: Güzel.

+ Gerçekten sevdiği için sevsin, param olduğu için değil.

A.K.: Dedem olmayı bırakıyorum. O başka biri, ben başka biriyim.

+	Dedem olmayı bırakıyorum. O başka biri, ben başka biriyim.
A.K.:	Bir şeyler hemen değişmez. İyi şeyler zamanla olur ama zorlar tabii ki.
+	Bir şeyler hemen değişmez. İyi şeyler zamanla olur ama zorlar tabii ki.
A.K.:	Zorlandığın yerlere bakacaksın, gülmeyi azaltacaksın. Sürekli zorlandığın yerlerde gülüyorsun. Geldiğin için teşekkür ederim.

Orhan'la gerçekleşen bu sohbetimiz onun kendisini çözmesinde yolun başlangıcı olacaktır. Güçlü ve zengin gibi kavramlarla sınırlanmadan değerli hissetmek, kötü duygularla başa çıkma stratejileri geliştirmek, duyguda kalmak, güven ve sevgi arayışında kendine odaklanmak, geçmiş travmaları yok saymadan kabul etmek ve onları iyileştirmek için çalışmak, iş ve sosyal hayattaki değişimlere açık olmak, sağlıklı ilişkilere yönelmek, şiddet dili ve eylemi yerine sakin ve güçlü bir insan olmayı tercih etmek, korkularla yüzleşmek, zorluklarla başa çıkma becerisini geliştirmek bu sohbetimizin ana konuları oldu. Umarım sizin içinizde de bir ışık belirmiştir. Yolunuzu bulmanız dileğiyle.

ZOR ZAMANLAR

Zor zamanlardan geçiyoruz. Hatta öyle ki, bir de geçmiş zor zamanları hatırlatınca, bu zorluk iki kat artıyor. Önümüzde gelecekle ilgili; hayatla, kendimizle, sistemle, siyasetle, ekonomiyle, yaşamla, iklimle ve hemen her şeyle ilgili büyük bir belirsizlik var. Ve o belirsizlik içinde yine belirsizliğin kendisi kadar devasa bir çaresizlik hissi var. Ne yapacağım, nasıl yapacağım, nasıl baş edeceğim, nasıl başlayacağım, nasıl değişeceğim, nasıl dönüşeceğim? Bu duygular o kadar derin ve yoğun ki, böyle üstümüzden hop diye gelip geçmiyor. Kişiyi yoruyor, bezdiriyor, kimi zaman tükenecek durumda hissettiriyor.

Bu çaresizlik ve belirsizlikle birlikte kişi kendisini yalnızlık konforunun içinde buluyor. Çünkü bu zamanda yaşadığımız çoğu olay; pandemi, deprem, savaşlar, ölüm korkuları, cinayetler, tecavüzler, gündelik olaylar, seçim sıkıntıları, aslına bakarsanız insanın kaldıramayacağı kadar büyük travmalardır. Beynimiz bir taraftan günü yorumlarken diğer taraftan da bu travmaların gelecekte daha çok olacağını bilir ve buna karşılık sadece güçlü olmamız gerektiğiyle ilgilenir. Yani aslında evrimsel olarak beynimiz, bu dünyada olabilecek şeylerle baş edebilecek ve kendisini yenileyebilecek bir kapasiteye sahiptir. Ama gelin görün ki her şeyin başında ve sonunda duygu var ve o duyguların sağlam, iyi olması gerekiyor. Duygularda, düşüncelerde bir bozukluk olduğunda, yani beynimizin amigdalasında çocukluktan itibaren yaşadığımız travmaların duyguları çok kötüyse, ne yazık ki beyin şimdiki zamanda olan ve gelecekte olacak olan olaylara karşı istenilen performansı gösteremiyor. Kendini büyük bir depresyonun içinde buluveriyor.

O halde, şimdi olan her şey bizlere geçmişe ait bir anıyı, durumu hatırlatmak zorunda. Yani beynimiz zorlandığı yerde geçmişe gitmeli, çünkü eğer gitmezse tekrar şimdiye dönüp gelecekle ilgili de sağlıklı bir çalışma yapamaz.

Bu sebeple, insanı derinden sarsan, yaralayan, endişe veren, kaygılandıran büyük olaylar bireyi önce tek başına alır. Bu tek başınalık yalnızlıkla çok karıştırılır. Çünkü insan dış dünyada azaldıkça iç dünyasında kendisine daha fazla temas etmeye başlar. Diyelim ki bir bardak kırdınız. Bu olay tek başına tamamen nötr bir durumdur. Fakat sizin bu kırılmaya verdiğiniz tepki iç dünyanızla ilgilidir. Dış dünyada gerçekleşen bir olayı nasıl algıladığınızı belirleyen nokta, geçmişte yaşadığınız travmalar, anılar ve duygulardır. Tek başına kalma halinde ve yalnızlık durumunda o duygular açığa çıkar; sonuç olarak içimize temas etmek zorunda kalırız.

Arkadaşlarınızla harika bir akşamın ortasındasınız. Kahkahalar birbirini kovalıyor. Sonra bir anda içinize acayip kötü bir duygu çörekleniyor. "Çok güldüm başıma bir iş gelecek!" Böyle düşünerek gecesini zehir eden kaç kişiyiz?

Bardak kırıldı, peki içinizde nereye temas etti? Suçluluk duygusuna mı, kötü bir şey olacak endişesine mi, cezalandırılmanız gerektiği ile ilgili bir duyguya mı, paniğe mi, şüpheye mi, endişeye mi, başınıza sonradan kötü bir şey gelecek duygusuna mı? Bazıları için sadece bir bardak kırılması, öyle değil mi? Toplanır, silinir, geçer... Bazıları içinse nazardır; başkalarının onda gözü vardır. Aslında kendisinin başkalarında gözü de olabilir. Bazıları için de büyük bir suçluluk duygusunu tanımlar. Oysa alt tarafı bir bardak kırılmıştır.

Kocam Çok Kavgacı Biri

"Ne zaman kocamla dışarı çıksak kavga edip geri dönüyoruz," diyordu. Üniversite boyunca flört edip sevgili olmuşlar, üniversitenin bitiminde çok severek evlenmişlerdi. "Şimdiki aklım olsa asla evlenmezdim," diye yakınıyordu. "Günübirlik yaşardım, dünyaya evlenip don yıkamaya gelmiş gibiyim."

Annesinin ev hanımı olduğundan bahsetti. "Biliyor musun Aşkım, babam da çok kavgacı bir insandı. Annem yemin etmişti onunla dışarı çıkmamaya. Bayramlarda bile misafirliğe gitmezlerdi birlikte. Hep bir olayla dönüyorlardı çünkü."

"Ananın bahtı kızına" mı olmuştu? Kızı da annesinin kaderini yaşıyor olabilir miydi? Annesinden daha eğitimliydi. Ekonomik olarak ayakları üzerinde durabilirdi. Fakat yine de annesinin kaderini mi yaşıyordu? Bu mümkün müydü?

"Bunlar nasıl kavgalar?" diye sordum ona. "Ne oluyor da kavga çıkıyor?" Biraz düşündü ve "Mesela neden garsonu sen çağırdın diye olay çıkarıyor," dedi. "Peki bu huyunu biliyor musun, yani eğer garsonu sen çağırırsan olay çıkaracağını?" diye merakla sordum. Biliyordu. "Neden beni arkadaşlarımın yanında bozdun, diyerek suratı beş karış eve dönüyoruz mesela," dedi bir keresinde. "Peki bozuyor musun gerçekten?" diye sordum. "Hak ediyor, dayanamıyorum bir laf da ben söyleyeyim istiyorum," cevabını verdi.

Kendisini annesinin yerine koyuyordu. Kocasını babası yapıyor ve onu maniple ediyordu. Bilinçdışında anne babasıyla kavgası bitmemişti. Orayı halledememiş ve bugüne taşımıştı. Bunu fark edince önce şaşırdı, sonra bana kızdı. "Neden kavga çıkarmaya çalışayım, aklımdan zorum mu var benim. İyice zıvanadan çıktı bu çocukluk travma işleri!"

Bir hafta sonra bir kabulle geri geldi. Anne babasıyla dışarı çıktığında ne kadar gerildiğini hatırlıyordu. Kalbinin çarpıntısını unutamadığını itiraf ediyordu. O küçük kızın bunu zihnine mıh gibi çaktığını artık biliyordu.

Evet, birtakım olaylar oluyor; ekonomi değişiyor, deprem oluyor, ölümler oluyor, sağlık problemleri, pandemiler, savaş korkuları gibi birçok şey yaşanıyor. Sonra bir bardak kırılıveriyor. Bardak kırıldı diye biz bir tepki veriyoruz ve bir yalnızlığın içine düşüyoruz. O yalnızlıkta içe çok temas ettiğimiz için, bardağa verdiğimiz tepkiler bazen çok sarsıcı olabiliyor.

Beynimize göre geçmişte, yani çocuklukta hangi duygular amigdalada kaldıysa, –ölüm korkusu, çaresizlik, kıtlık bilinci, özgüvensizlik, suçluluk duygusu, kurban psikolojisi, değersizlik, yetersizlik, başarısızlık, sevgisizlik, dışlanma gibi– o duygulardan hangileri özellikle 0-8 yaş arasında daha yoğun yaşandıysa, hangileri anneden babadan ve başkalarından travma olarak geçtiyse, farkında olmadan o çocuk halinlesindir ve bu durumu anlamazsın bile. Bu duyguları toplayan amigdala, kişi büyüdüğünde ve dış dünyada olaylar yaşandığında o duyguları tekrar açığa çıkarır. Bu büyük bir yıkım gibidir, çünkü onları çözmeden ileriye gidemezsiniz.

Gelen mesajı okuyabilmeniz için içinize temas etmeniz, tek başına ve yalnız kalmanız gerekir.

Tek başınıza kalmalısınız çünkü dış dünya kendinize temas etmenize izin vermez. Hızlanmak zorundasınız; yiyeceksiniz, içeceksiniz, sevişeceksiniz, uyuyacaksınız. Bir sürü işiniz var; oraya buraya gideceksiniz, bir şeyler alacaksınız, birçok konudan kaçacaksınız. İşte bu hız size izin vermez. Eğer yavaşlarsanız içe dönmek zorunda kalırsınız. Dış dünyaya içeriden bakmak daha farklıdır. Depremi, pandemiyi, cinayetleri, ekonomiyi, bazen de seçimi ve başka şeyleri unutup dünyaya bakarsınız. Başka duygular içinde yaşarsınız; o duygular geçmişin duygularıdır.

Burada çözmeniz gereken bir durum var. Bunu çözmenin tek yolu duygularınızı, çocuklukta ne yaşadığınızı hatırlamak için anılarınıza geri dönmektir. Eskiden fakir ya da zengin fark etmeksizin her evde fotoğraf albümleri vardı. Bu albümlere çocukluktan itibaren bütün fotoğraflar yapıştırılır ve kişiler o fotoğraflara sık sık bakıp anılarına dönüş yaparlardı, böylece o anıların duyguları çalışırdı. İnsanlar fotoğraf karelerine ağlayarak, sinirlenerek, üzülerek ve bu yolla o anıda kalarak, utanç duyarak, o anı yüzünden kendini değersiz ve yalnız hissederek, yas tuttukları kişiye daha rahat temas ediyorlardı. Ama artık bu pek mümkün değil. Şimdi kimse telefonda geçmişini tutmak istemiyor. Herkes iki sene önceki yüzünü, hareketlerini, kıyafetlerini, makyajını, yanındaki insanları, gittiği mekânları unutmak istiyor; telefonundan siliyor.

Özellikle bir akraba ziyaretine gidildiğinde eski çocukluk anıları anlatılır, kimine ağlanır kimine de gülünürdü. Biraz zaman ilerleyince de ortaya çocukluk albümleri çıkarılırdı. O fotoğraflara baktığını hatırlayan kaç kişiyiz?

İnsanlar geçmişlerine çok fazla gitmek istemiyorlar. Yalnızlığa, çaresizliğe, belirsizliğe tam temas etmemek için kaçmaya çalışıyorlar. Kaçmanın yolu daha çok yemek yemekten, daha çok alışveriş yapmaktan, daha çok sevişmekten, daha çok konuşmaktan, daha çok dedikodu yapmaktan, daha çok tembellikten geçiyor. O yüzden, tek başına olabilmeyi, yalnız kalabilmeyi öğrenmek lazım. Ancak travmalar varsa ve bunlar çok yoğunsa, kişi tek başınalıkla yalnızlığı karıştırır; bu durum ona kimsesizlik gibi gelir. O yalnızlık derin bir boşluktur, çukurdur, belirsizdir; kişi orada çaresizdir. Beyin bu noktada şöyle der: Orada dur, orada kal, onu en dibine kadar yaşa ki duygular boşalabilsin. Korkuların orada duruyor, onlara temas et. İşte, "insan yalnızlıkta demlenir" demek budur. O anıların, o duyguların dibine kadar inip, cehennem azabı gibi gelen o acıların içinde kalabilmektir. Yaşayıp tekrar oradan çıkabiliyorsanız beyniniz bir süre yorulur ama sonra gücünü toplayıp hızla ilerlemeye başlar; onun istediği de budur. Sakın korkmayın, çünkü bu hayatta tek başına da olacaksınız, yalnız da kalacaksınız, yanınızda birileri de olacak.

İnsan ayrılıkla büyüyor. Ayrılamadığınız ne var?

Geçen seneki çoraplarınızdan bile ayrıldınız. Üç gün önce yediğiniz içtiğiniz her şeyden; konuştuğunuz, oturup kalktığınız herkesten ayrıldınız. Bazen kısa, bazen uzun, bazen sonsuz ayrılıklar yaşıyorsunuz. Bunlar büyütüyor insanı, o ayrılıklarda tek başına kalıyorsunuz. O noktada yalnızlığı öğrenmek zorundasınız, bunun başka bir yolu yok.

ÇOCUKLARINIZI SUSTURUP HASTA ETMEYİN

Bölümün konuğu Merve'ydi. Merve'nin küçük bir kızken sakinleştirilmeyen duygularını, görülmediği anlarda hissettiklerini, ebeveyn olarak çocuklarına olan yaklaşımlarını nasıl yönlendirdiğini okuyarak ve ara bölümlerdeki yorumlama kısımları üzerinde düşünerek onu hep beraber çözmeye çalışacağız. Sizler de okurken kendinize ait duyguları çözmeye başlayacaksınız.

Merve'nin söyleşinin en başında ortaya koyduğu özelliklerinden birisi gerçek duygularından kaçıyor oluşuydu. Şimdi önce buradan başlayarak onun geçmişine ve haliyle bugününe uzanacağız.

A.K.: Hoş geldin.

\+ Hoş bulduk, merhaba.

A.K.: Merhaba, ismini öğrenebilir miyim?

+	Merve.
A.K.:	Merve, nasılsın?
+	İyiyim. Heyecanlıydım ama geçti.
A.K.:	Bir anda bitti mi heyecan?
+	Bitti galiba, dünden beri böyle. Sanki bütün heyecanımı boşaltmış gibi hissediyorum.
A.K.:	Pembeleri de giymişsin…
+	En sevdiğim renk.
A.K.:	En sevdiğin renk, güzel. Çocukluktan pembe ile ilgili bir şey hatırlamanı isteyeceğim şimdi. Küçük bir kız çocuğu var, Merve.
+	Pembe bir elbisem vardı.
A.K.:	Onunla ilgili bir anı anlat bize.
+	Doğum günümdü.
A.K.:	Kaç yaşındaydın?
+	Kaç yaşına girdiğimi hatırlamıyorum ama çok küçük olduğumu hatırlıyorum; üç ya da dört olabilir.
A.K.:	Tamam.
+	İlk defa doğum günüm kutlanacak. Annem bana pembe bir elbise almış ama böyle çok güzel bir pembe; uçuş uçuş, kabarık bir elbiseydi. Doğum günüm kutlanıyordu, bütün ilgi benim üzerimdeydi. Çok güzeldi.
A.K.:	Evet, herkes seninle ilgileniyordu. İnsanlar seninle ilgilenmediğinde ne hissediyorsun?
+	İnsanlar benimle ilgilenmediğinde konunun benimle alakası olmadığını düşünmeye çalışıyorum.

A.K.: Niye böyle bir düşünceye ihtiyaç duyuyorsun?

\+ Aksi halde kötü hissederim.

A.K.: Nasıl kötü bir his bu?

\+ Dışlanmış gibi.

A.K.: Dışlanmış gibi... Şimdi çocukken dışlandığın, kötü hissettiğim bir anıyı hatırla.

\+ Galiba üçüncü sınıftaydım, tam hatırlamıyorum. Sınıfımız seksen kişiydi, epey kalabalıktık. Aklıma iki tane anı geldi bu arada, hangisini anlatacağımı şaşırdım.

A.K.: Hangisini istiyorsan onu anlat.

\+ İlki şuydu; tahtaya kalkmak için çok istekliydim ama öğretmen bir türlü beni görmüyordu. Zaten hep belli başlı öğrenciler görünürdü. Ben ilk defa tahtaya kalktım, soruyu yazdım ama sorunun cevabını veremedim. Çünkü o an yazdığım soruyu da hatırladığım halde okuduğumu anlayamadım. Kesinlikle anlayamadım.

A.K.: Şimdi şunu söyle: Çok konuşarak gerçek duygularımdan kaçıyorum.

\+ Çok konuşarak gerçek duygularımdan kaçıyorum.

A.K.: Küçükken evde en çok kim konuşuyordu?

\+ Annem.

A.K.: Annen neler söylüyordu?

\+ Annem sürekli dertlerinden şikâyet ediyordu.

A.K.: Neler diyordu? Annenle ilgili bir anı hatırla.

Duyguların Farkında Olmak: Merve en başta kendi duygularından kaçıyor. Bu eğilimini fark etmesi çok önemli.

▶ **Öneri:**

Duygusal deneyimlerinizi keşfetmenin yollarını arayın. Duygusal farkındalık geliştirmek için odaklanın ve duygularınız üzerinde çalışın.

Kendine Nezaket: Merve'nin kendisini dışlanmış hissettiği anılar... O küçük haliyle kendisini yargılamış ve suçlamış olmalı.

▶ **Öneri:**

Kendinize karşı şefkatli olurken, yargılamamayı, anlayışlı olmayı ve kabullenici bir tavır geliştirmeyi deneyin.

İçe Dönüş: Bu her insanda olabiliyor. İçine, ruhunun derinlerine inip baktığında kendisini suçlayan bir insan buluyor karşısında. Oysa hatalar yapmamız gayet doğal. Bazılarının geri dönüşü bile olmayabilir.

▶ **Öneri:**

Kendinizle konuşurken, bedeninize, duygularınıza ve ihtiyaçlarınıza saygı gösteren bir ben kimliği kazanma alışkanlığı edinin. Bu cümleleri sabah uyandığınızda sıkça kendinize söyleyin. Kendimi olduğum gibi kabul ediyorum.

Kendime değer veriyorum.

İhtiyaçlarımı anlıyorum ve onları karşılamaya özen gösteriyorum.

Kendime karşı nazik ve şefkatliyim.

Duygularımı önemsiyorum.

Kendi hatalarımı kabul ediyor ve bana verdiği dersler için evrene teşekkür ediyorum.

Ana-Kız İlişkileri: Merve'de olan başkalarında da var. Anneyle kurulan ilişki bazen parçalı bazen kapsayıcı bazen de zorlayıcı olabiliyor. Anneler ihmal edebiliyor ya da kızının hayatını işgal edebiliyor ve bunu hep iyiliği için yapmış oluyor.

► **Öneri:**

Duygularınızı önemseyin. Duygularınızı göz ardı etmeyin ki annelerinizle gerçek bir iletişim kurmakta zorlanmayın. Duygularınızı hiç kimse desteklemese bile onlar yine de varlar. Onları göz ardı etmeden kuracağınız iletişim sizi daha mutlu bir kız çocuğuna dönüştürür.

"Görünür Olmak En Büyük Arzum"

Annemin hep işi vardı. Evdeydi ama hep işi vardı. Annemle ilgili çok anım yok. Sadece hatırladığım bir anı var, o beni çok üzüyor.

A.K.: Kapa gözlerini… Kaç yaşındasın?

\+ İlkokula başlamamışım.

A.K.: Neredesin?

\+ Anneannemlerin balkonundayız. Annemle ilk defa oturacağız, ilk defa vakit geçireceğim onunla. Kuruyemiş var önümüzde. Annemle oturduk, beş dakika sonra kapı çaldı. Annem açmaya gitti, ben bekledim. Bekledim, bekledim ama annem gelmedi.

A.K.: Kal o duyguda. Küçük kızın yüzünü hatırla şimdi. Ne hissediyor orada?

\+ Heyecan var. Annem gelecek, birlikte oturacağız diye.

A.K.: Anne gelmiyor…

\+ Gelmiyor.

A.K.: Ne hissediyor küçük kız?

\+ Merak ettim.

A.K.: Yine gelmiyor anne…

\+ Nedenini öğrenmek istedim.

A.K.: Yine gelmedi…

\+ Üzüldüm.

A.K.: Kim var etrafında?

\+ Kimse yok.

A.K.: Kimse onu görmüyor, yalnız. Söyle o çocuğa: Annen seni terk etti. Şu an seni kimse görmüyor.

\+ Annen seni terk etti. Şu an seni kimse görmüyor.

A.K.: Görünür olmak en büyük arzum.

\+ Görünür olmak en büyük arzum.

A.K.: Sen çocuksun. Görülmedikçe parçalanıyorsun. Yok oluyorsun. Sen çocuksun.

\+ Sen çocuksun. Görülmedikçe parçalanıyorsun. Yok oluyorsun. Sen çocuksun.

A.K.: Bu duygular ağır geliyor sana. Açabilirsin gözlerini. Nasılsın şu an? Duyguna bak.

\+ Üzüldüm kendime.

A.K.: Üzüldün. O çocuğa küçükken üzülmemiş kimse. Hiç kimse sakinleştirmemiş, iyi bir duygu verememiş. Söyle kendine şu an: Annem bana pembe elbise giydirdi.

\+ Annem bana pembe elbise giydirdi.

A.K.: Beni gördü.

\+ Beni gördü.
Ağladım.

A.K.: Ağla, bırak. Benimle oynadı. Bana güldü.

\+ Benimle oynadı. Bana güldü.

A.K.: O yüzden pembe elbisemi giydim.

\+ O yüzden pembe elbisemi giydim.

A.K.: Çok sevinçliyim, çünkü görünür olacağım.

\+ Çok sevinçliyim, çünkü görünür olacağım.
Çok doğru.

Güven Hissetme: Merve'nin annesinin yokluğuyla azalan güven hissini hepiniz iliklerinize kadar hissetmiş olmalısınız. Küçük kız şöyle diyor: "Seni annen bile bıraktı, kimler kimler bırakmaz, sana kazık atmaz, seni incitmez. Herkes seni incitebilir."

▶ **Öneri:**
Sizi sevgiyle kabul eden ve duygusal ihtiyaçlarınızı karşılayan insanları bulabilmeniz için kendinizi sevgiyle kabul etmeli ve duygula-

rınızı iyi tanımalısınız. Birinin yokluğuyla başa çıkmak, o yaraları sarmak için geçmişten kaçmak yerine geçmişle yüzleşmek gerekiyor. Kendi kendinizin rehberi olun. Tek başınıza yapamıyorsanız mutlaka yardım isteyin.

Görünür Olma İsteği: Belki de bu cümleye "artık hangimizde yok ki" diye başlamalıyım. Sanki Merve'ye, sana, bana, bize bir şey oldu ve bir gün hepimiz görünür olma arzusuyla yanıp kavrulmaya başladık gibi. Kalabalıklarda görünmediğimizi düşündük, sosyal medyada da az göründüğümüzü... Ortasını bulabilir miyiz?

► **Öneri:**

Görünür olmanın yolu duygularınızı, kendinizi doğru, net ve gerçek bir biçimde ifade etmekten geçer. Çevrenize çizdiğiniz tablonun anlaşılmadığını düşünüyor olabilirsiniz ama siz kendinizi bildiğiniz için frekansınız çoğu zaman göründüğünüzün altında sinyaller yollar. Gerçek olun. Siz olun. Yalnızca gerçek.

"Ona Yetemediğimi Düşünüyorum"

A.K.: Gel, biraz bana ver üzüntünü. Şimdi Merve'ye sorsak, bundan üç beş sene sonra kendisini gördüğü yerde hayalleri vardır elbet. Birkaç tanesini değil ama bir tanesini, ilk aklına geleni söyleyebilir misin?

+ Benim pembe Range Rover'ım var...

A.K.: Pembe olacak yani, tamam onu da söyle şimdi: Gerçekte pembe rengi çok sevmiyorum.

+ Gerçekte pembe rengi çok sevmiyorum.

A.K.: Anılarımın duyguları çok yoğun.

+ Anılarımın duyguları çok yoğun.

A.K.: O yüzden pembeyi o kadar yoğun istiyorum.

+ O yüzden pembeyi o kadar yoğun istiyorum.

A.K.: Hepimizin hayatında böyle birçok farklı şey vardır. Bu bazen tuttuğumuz futbol takımı olabilir, bazen bir renk de olabilir; bir şeyi böyle yoğun duygularla besliyorsak, onun altında başka başka anılar ve onların duyguları yer alır. Ama sen yine de pembe Range Rover'ı anlat.

+ İlk aklıma gelen, ilk gözümde canlanan şeyi söyleyeceğim. Pembe Range Rover'ımı havuzlu villamın önüne çekiyorum. Sonra bahçede oynayan çocuğumun yanına gidiyorum.

A.K.: Araba var, villa var, havuz var, çocuk var, anne var. Koca nerede?

+ O da var ama çocuğum benim için çok başka.

A.K.: Tamam, kendine şunu söyle şimdi: Küçükken annemden çok sevgi alamadım.

+ Küçükken annemden çok sevgi alamadım.

A.K.: Çocuğumu sevgisiz bırakmamaya çalışıyorum.

+ Çocuğumu sevgisiz bırakmamaya çalışıyorum.

A.K.: Bunu bazen abartıyorum.

+ Bunu bazen değil, her zaman abartıyorum.

A.K.: Ona yoğun duygular veriyorum, kendisini sürekli mutlu hissetmek zorunda.

Ona yoğun duygular veriyorum, kendisini sürekli mutlu hissetmek zorunda.

A.K.: Ve bu onu hiperaktif yapıyor.

\+ Bu onu hiperaktif yapıyor.

A.K.: Her şeyden çabuk sıkılmaya başlıyor, doyum sağlayamıyor.

\+ Her şeyden çabuk sıkılmaya başlıyor, doyum sağlayamıyor.

A.K.: Ve ben de ona yetemediğimi düşünüyorum.

\+ Ben de ona yetemediğimi düşünüyorum.

Gerçekten çok doğru.

A.K.: Evet. Şimdi şunu kendine öğret. Hatta şöyle yapalım, o küçük kızı tekrar hatırlayacağız şimdi, tamam mı? Oraya bir bakalım.

\+ Tamam.

A.K.: Nasılsın şu an? Biraz ağır geldi farkındalık galiba.

\+ Şu an çocuğum gerçekten… Söylediğiniz her şey çok doğru.

A.K.: Evet. Bunu farkında olmadan yapıyoruz.

\+ Evet.

A.K.: Onu da söyle kendine: Bazen anneler farkında olmadan çocuklarının psikolojisini bozabiliyor. Bu normal bir şeydir. Bunun fark edilip düzeltilmesi gerekir.

\+ Bazen anneler farkında olmadan çocuklarının psikolojisini bozabiliyor. Bu normal bir şeydir. Bunun fark edilip düzeltilmesi gerekir.

A.K.: Tamam. Bu nasıl geldi?

\+ Güzel.

A.K.: Az önce anneliğinle ilgili bir üzüntü yaşadın. Annelik duygusu bizim anlayabileceğimiz bir şey değildir, çok derin bir yoldur. Tüm anneler için öyle tabii ama burada annelerin de kendilerini suçlamaması gerekir. Bu da önemlidir, çünkü onlar da belli travmalarla büyüdü.

\+ Teşekkür ederim.

A.K.: Rica ederim. Yani hiçbir anne, baba kendini suçlamayacak, ama çocuklar da onları suçlamayacak. Aslında herkes kendisini geliştirecek. Asıl amacımız bu, olması gereken de bu.

Suçluluk Hissi: Merve annesinin davranışlarından dolayı yalnızca güven kaybına uğramamış; bir de kendisini suçlu hissetmiş. O çocuk ruhuyla, tüm olanlarda muhtemelen kendi hatasını arayıp durmuştur.

▶ **Öneri:**

Kendinizi suçlamayı bırakın. Çocuğunuza kimi zaman hatalı bir davranış sergilemiş bir anneyseniz de, annesi tarafından ilgisiz bırakılmış bir çocuksanız da suçluluk duygusundan kurtulun. Olan oldu. Hepimiz az veya çok travmalarla büyüdük. Bir anne de çocukken travmaları deneyimledi. Onun da küçük bir kız çocuğu olarak anlaşılmaya ihtiyacı vardı. Muhtemelen onları sana aktardı. Sende denedi. Şimdi bu döngüyü kırman gerektiğini fark ediyorsun. Annenin davranışlarından sorumlu değilsin.

Eksiklik Duygusu: Annenizin size yeterince göstermediği şefkat, sevgi, dokunma, sarılma, konuşma eksikliğinin sizin değerinizle bir ilgisi yok. Aslında onun tüm davranışları kendisiyle ilgili.

► **Öneri:**

Öz şefkati, kabulü ve kendi ihtiyaçlarını karşılamayı öğrenen bireyler içsel sevgilerini çoğaltır, özgüvenlerini artırırlar. Bu kazanımları tek başına sağlayabileceğiniz gibi, meditasyon, yoga, aile terapisi, psikiyatrik yardım, psikolojik destek, iyi bir yaşam koçu aracılığıyla da farkındalık elde edebilirsiniz.

Duygusal Zorluklar: Yaşamın hemen her alanında karşımıza çıkacak. Kimi zaman duygusal iyileşmeye ihtiyaç duyacağız, kimi zaman duygularımızın karmaşıklığını çözmeye çalışacağız. Önemli olan üstesinden gelebileceğiniz mekanizmaları harekete geçirmek.

► **Öneri:**

Kendinizi geliştirmeniz ve sorumluluklarınızı kabul edip büyümeniz gerekecek. Bunun için gerekli donanımları edinmeye başlamalısınız. Kişisel gelişim kitapları, grup terapileri, destekleyici eğitimler, bir veya birkaç hedef belirleyerek ilerlemek sizi hedeflerinize daha emin adımlarla ulaştırabilir.

"Herkes Sesimi Kısmaya Çalışıyordu..."

A.K.: Şimdi araba, ev, çocuk… Anne geliyor, çocuğa çok fazla sevgi veriyor. Her şey çok güzel.

\+ Evet.

A.K.: Bu biraz hayatı zorlaştırır. Her şey her zaman istediğimiz gibi güzel olmayabilir. O zaman küçük Merve'ye soralım mı? Merve küçükken en çok ne hayal ederdi?

\+ Çok hasta oluyordum ben.

A.K.: Ne hastalığı bu? Nezle, soğuk algınlığı, grip gibi mi?

\+ Astım gibi.

A.K.: Nefes alamama…

\+ Bronşit gibi.

A.K.: Boğazında mı oluyor?

\+ Evet, hep oralarımda. O yüzden bir ilaç olsun ve ben de bir daha hiç hasta olmayayım istiyordum. Çünkü sürekli doktora gidiyorduk.

A.K.: Ne yapıyordu doktor?

\+ İlaç ve rapor veriyordu. Rapor verdiği halde ben yine okula gidiyordum.

A.K.: Okulda konuşabiliyor muydun?

\+ Evet.

A.K.: Kendini anlatır mıydın? Çok konuşur muydun?

\+ Çok.

A.K.: Öğretmenin, "Sus artık, yeter!" der miydi?

\+ Bilmese de konuşuyor, her şey hakkında bir fikri var, derlerdi benim için.

A.K.: Öğret kendine şimdi: Çocukken çok konuşuyordum.

\+ Çocukken çok konuşuyordum.

A.K.: Sürekli beni susturmaya çalışıyorlardı.

\+ Sürekli beni susturmaya çalışıyorlardı.

A.K.: Herkes beni engelliyordu. Ben de kendimi hasta ettim.

\+ Herkes beni engelliyordu. Ben de kendimi hasta ettim

A.K.: Herkes sesimi kısmaya çalışıyordu. Hasta oldum.

\+ Herkes sesimi kısmaya çalışıyordu. Hasta oldum. Çözülmüş gibi hissediyorum.

A.K.: Güzel, kal o duyguda biraz. Büyük bir ihtimalle günlük hayatında da bunu yapıyorsun, çok konuşuyorsun.

\+ Evet.

A.K.: Bunu azaltacaksın, azalttığında zihin daha çok gelişecek. Daha iyi hissetmeye başlayacaksın ama önce zorlanacaksın tabii. Niye çok konuştuğunu bulalım mı?

\+ Bulalım.

A.K.: Tamam, şimdi anılarının içine bakacağız.

Herkesin Bir Sesi Vardır: Bazıları çok bazıları az konuşur. Kimileri karmaşık kimileri anlaşılır konuşur. Kimileri kendini net bir biçimde ifade eder, kimileri için kendini ifade etmek çok ama çok zordur. Anne babaların çocuklarını –çok küçük yaşlardan itibaren– kendini ifade etme becerisi yönünden geliştirmeleri gerekiyor.

▶ **Öneri:**

Özgünlüğünüzü keşfedin ve kendiniz olmaktan korkmayın. Siz kendinizi ifade ettikçe çevrenizden daha fazla saygı göreceksiniz. Unutmayın; düşünceleriniz, duygu ve hayalleriniz sizi siz yapar.

İletişim Becerileri: Kendinizi tanımanızın yanında iletişim becerilerinizi de geliştirmeniz gerekiyor. Unutmayın; nasıl ki siz başkalarını anlamaya çalışıyorsunuz onlar da sizi anlamaya çalışıyorlar ve unutmayın, başkalarının gözünde anlaşıldığımız kadarız.

▶ **Öneri:**

Çok konuşuyorsanız arada bir gün boyunca susmayı, az konuşuyorsanız spikerlik kursuna katılmayı deneyin. Konuşmaya başlamadan önce empati yeteneğinizi de ortaya koymaya çalışın. Duygularınızın karşınızdaki insandaki yansımalarını fark etmek sizi her geçen gün daha etkin bir konuşmacı yapacaktır.

Ruh Beden İlişkisi: Kendimizi ifade edemediğimizde hastalanıyoruz. İçimize attığımız, yok saydığımız ne varsa bedenimizde yankısını buluyor. Beden yalan söyleyemiyor.

▶ **Öneri:**

İçsel gücünüzü keşfedin, yeteneklerinizi ortaya çıkarın ve kendinizle barışın. Zihninize iyi bakarsanız bedeniniz, bedeninize iyi bakarsanız zihniniz daha sağlıklı bir döngüye girer. Her ikisinin de şefkate ihtiyacı var.

Odaklanma: Size söylenen eleştirileri hemen kabullenip içselleştirmeyin ancak karşınızdaki kişiyi can kulağıyla dinleyin. Belki de kendi iç sesinizin yansıması olabileceğini fark edin. Başkalarını eleştirirken, bir başkasının belli başlı bir huyundan hoşlanmadığınızda da bu eleştirel bakışın nereden geldiğini ve kaynağını anlamaya çalışın.

▶ **Öneri:**

İç sesinizi olumsuzdan olumluya dönüştürecek adımları atmanızın zamanı geldi. Kendinizde değiştirmek istediğiniz bir yönünüzü belirleyin ve onun üzerinden çalışın.

"Eşim Babama Benziyordu..."

A.K.: Anneye kendini göstermeye çalışıyorsun, bir şeyler konuşuyorsun, kimse seni duymuyor.

\+ Genelde öyleydi zaten. Annem hep mutfaktaydı. Annemle ilgili, onun oturduğu hiçbir anıyı hatırlamıyorum. O hep mutfakta bir şeyler yapıyor, hep bir işi var. Onun yanına gidip ben bir şeyler sormaya çalışıyorum.

A.K.: Burası mutfak diyelim. Nasıl bir his veriyor?

\+ Düzeltilmesi gerekiyor.

A.K.: Düzeltilmesi gerekiyor. Dağınık mı?

\+ Evet. Karışık.

A.K.: Evdeki dağınıklığı toplar mısın?

\+ Yapmıyorum.

A.K.: Güzel. Önceden yapıyor muydun?

\+ Bazen.

A.K.: Bazen… Annen yapıyor muydu?

\+ Annem hep yapıyordu.

A.K.: Bu annenin duygusu… Sürekli bir yerleri topluyor.

\+ Evet, kesinlikle.

A.K.: Çocuk ne yapıyor?

\+ Hep tek başınayım.

A.K.: Baba ortalıkta hiç yok.

\+ Babam da çok çalışıyordu. Ama babam yanımızdayken daha samimi, daha güçlüydü.

A.K.: Hissediyordun…

\+ Evet.

A.K.: Arada sırada mı geliyordu ya da ne sıklıkta oluyordu böyle anlar?

\+ Her zaman… Mesela babam her akşam gelirken bize çikolata alıyordu.

A.K.: Güzel, o da iyi duygu. Baba ilişki kuruyor. Erkeklerle aran nasıl?

\+ Normal.

A.K.: Evli misin?

\+ Evet.

A.K.: İlişkiniz nasıl?

\+ Stabil.

A.K.: Stabil, durağan bir ilişkin var.

\+ Evet, sekiz yıl oldu artık.

A.K.: Çikolata getiriyor mu akşamları?

+ Yok, hayır.

A.K.: Önceden getiriyor muydu?

+ Önceden evet.

A.K.: Onu da söyle kendine: Babama benzeyen biriyle evlendim.

+ Babama benzeyen biriyle evlendim.

Bunu kabul etmek istemiyorum.

A.K.: Ne zorladı seni?

+ Babam daha güçlü.

A.K.: Hangi konuda?

+ Her konuda. Babam asla yanılmaz. Bir insanı gördüğü zaman ne olduğunu, ne olacağını söyler. Bulunduğumuz mahallenin muhtarı zaten, babam çok başka. Ondan bir tane daha olacağını sanmıyorum.

A.K.: Özel biri... Kocan ilk başta başkaydı, sonra değişti mi yavaş yavaş?

+ Evet.

A.K.: Onları söyle: Başta babama benziyordu. Sonra yavaş yavaş gücünü kaybetmeye başladı.

+ Başta babama benziyordu. Sonra yavaş yavaş gücünü kaybetmeye başladı.

İlişkide Kalmak: Merve aslında babasına benzeyen biriyle evlenmenin zorluklarını yaşıyordu. Bu, hem kabul etmesi zor bir gerçek hem de ulaşılması zor bir hayal gibi. Fakat Merve'nin ve aynı örneği yaşayanların yapması gereken bu benzerliği reddetmek yerine önce kabul etmek.

▶ **Öneri:**

Eşinizin bireysel özelliklerini ve ilişkinizin dinamiklerini yeniden gözden geçirin. Eşinizde zamanında sizi çeken alanları tekrar hatırlamaya çalışın. Yazmak bu konuda size yardımcı olabilir. İlişkinize dair ihtiyaçlarınızı ortaya çıkarın ve eşinizle paylaşın.

Otorite Figürü: Otoriter, sözü geçen, asla yanılmayan ve güçlü bir babanın karşısında bir eşin nasıl artısı olabilir ki? Yarıştığı adam karısının babası. Oysa ilişkiler gerçekçi beklentiler üzerine kurulur. Eşinize haksızlık yapmadan önce ve onu yarışamayacağı kişilerle kıyaslamadan önce, gerçek anlamda bir ilişkiden beklentilerinizi belirlemeniz gerekiyor.

Öneri:

▶ Ben bir adamdan/kadından ne bekliyorum? Gerçekçi bir ilişki için nelere ihtiyacım var? İlişkimi rutine döndüren nedenler neler? Bu ve benzer sorular sorarak ilişkinizin gerçeğini ve bir ilişkiden beklentilerinizi ortaya çıkarın.

"İnsanlardan Duygu Alamıyorum"

A.K.: Nasılsın?

\+ Rahatım.

A.K.: Pembe ile aran nasıl?

\+ Çok iyi.

A.K.: Çok güzel.

\+ Benim çalıştığım yerde masam pembe, dosyalarım pembe, hesap makinem pembe, zımbam pembe, her şeyim pembe. Çok seviyorum pembeyi.

A.K.: Onu da söyle: Her şey iyi olmak zorunda. Sürekli mutlu olmak zorundayım.

\+ Her şey iyi olmak zorunda. Sürekli mutlu olmak zorundayım.

A.K.: Kötü olmaya dayanamıyorum.

\+ Kötü olmaya dayanamıyorum.

A.K.: Çocukken oyuncaklardan ve eşyalardan duygu alıyordum.

\+ Çocukken oyuncaklardan ve eşyalardan duygu alıyordum.

A.K.: Pembe renkli oyuncaklardan, elbiselerden mutluluk duygusu alıyordum.

\+ Pembe renkli oyuncaklardan, elbiselerden mutluluk duygusu alıyordum.

A.K.: Şimdi de aynısını yapmaya devam ediyorum.

\+ Şimdi de aynısını yapmaya devam ediyorum.

A.K.: Artık bunu azaltabilirim. Hep iyi olacağım diye bir şey yok.

\+ Artık bunu azaltabilirim. Hep iyi olacağım diye bir şey yok.

A.K.: Bir yanın görünür olmak istiyor, bir yanın da kendisini baskılıyor; böylece iki duyguyu aynı anda veriyorsun. Bir coşkulu halin varsa bir de çekingen halin var; iki duygu var orada. Çocukken çok arada kalmışsın, anlatabiliyor muyum?

\+ Evet.

A.K.: Orada bir çekince oluyor, tam bırakamıyorsun kendini. Sanki böyle konuşsan yağdıracakmışsın, susmayacakmışsın gibi…

\+ Evet, Kesinlikle bu.

A.K.: Bir bırak bakayım, ne çıkacak…

\+ Evet.

A.K.: Konuş.

\+ Siz söyle deyince küçükken olan bir şey geldi aklıma. Aynanın karşısında şarkı söyleyerek bir şeyler yapmayı, kıyafet değiştirip sürekli kendime bakmayı çok severdim. Şimdi de belki dört beş saat hiç sıkılmadan aynada kendimi inceleyebilirim; yüzüme, saçıma, kendime bakarım.

A.K.: Tamam. Şimdi şunu söyle: Çocukken kimse beni görmedi.

\+ Çocukken kimse beni görmedi.

A.K.: Aynada kendime bakıp kendimi görmeye çalıştım.

\+ Aynada kendime bakıp kendimi görmeye çalıştım.

A.K.: O yüzden insanlardan duygu alamıyorum. Kendi iyi duygularımı zorluyorum.

\+ O yüzden insanlardan duygu alamıyorum. Kendi iyi duygularımı zorluyorum.

(Bir süre konuşmazlar.)

A.K.: Şu sessizlik var ya, bu sessizlikte daha fazla kalman gerekiyor.

\+ Bu beni rahatsız ediyor.

A.K.: Biliyorum. Onu da söyle: Çocukken çok uzun saatler sessiz kaldım.

\+ Çocukken çok uzun saatler sessiz kaldım.

A.K.: Delirecek gibi oluyordum. O yüzden sürekli sessizliği bozmaya çalışıyorum.

\+ Delirecek gibi oluyordum. O yüzden sürekli sessizliği bozmaya çalışıyorum.

A.K.: Nasıl geldi?

\+ Gerçek bu, evet.

A.K.: Beynimize bunu yaparsak bizim için şifalı olur. Zorlandığımız şey o sessizlikte kalmak, aklımıza gelen anılar ve o anıların içinde olan, az önce seninle çıktığımız yolculuktaki o üzüntü, yalnızlık, görülmeme, fark edilmeme duyguları. Bu duygular çok ağır olduğu için beyin kaçıyor. Orada daha fazla kaldığımızda üzülüyoruz. Belki bu bizi darmadağın ediyor ama bir yandan oradaki duygular boşalmaya başlıyor. Sürekli iyi olmaya çalışırsak beynimizin içindeki geçmişin, iyi anıların duygularını bitiririz. Onlar bitince, ileride iyi duygu kalmayacak. Gün geçtikçe çocuğunda da iyi duygu kalmıyor. Tüm annelere babalara söylüyorum ben; onların çoğu, çocuklarını sürekli mutlu etmeye çalışıyor. Mutlu olsun, mutlu olsun, mutlu olsun… Kendi geçmişinizi çocuklarda düzeltemezsiniz, bunu önce bunu kabul edeceğiz. Çocuğunuzun üzülmeye de ihtiyacı var, yalnız kalmaya da bazen; terk edilmeyi deneyimlemeye de, başarısız olmayı deneyimlemeye de... Çocuk bir konuda başarısız olabilir. Gelip ağlayacak, belki çok üzülecek. Onu nasıl karşıladığın önemli. Sen orada parçalanmadan ona anlatacaksın; kaybetmenin, başarısız olmanın, sınavda kötü not almanın, arkadaşıyla kavga etmenin, yalan söylemenin, kendisine ait olmayan bir şeyi almanın kötü bir şey değil, bir deneyim olduğunu göstereceksin. Şu an utanıyorsun. Utanmayı deneyimliyorsun. Şu an başarısızsın. Evet, başarısız olmak kötü bir şey değil. Onu bir hisset. Ne hissettiriyor sana? Çok kötü olursa sarılacağız, o duyguyu alacağız. Yani çocuğumuzun her kötü şeyi, olumsuz şeyi yaşamasına izin vereceğiz. Aslında bunu yapabilmemiz için kendimize de izin vermemiz lazım sevgili Merve. O zaman ne olacak biliyor musun? O zaman sen o duyguda kalabildikçe belki daha az güleceksin, daha az konuşacaksın, daha derin düşüneceksin, daha sakinleşeceksin. Pembe artık senin için renklerden herhangi biri olacak, belki diğerlerinden biraz daha fazla hoşlandığın bir renk olarak kalacak. Hayatta diğer insanlardan zevk almaya, onlarla ilişki kurmaya başlayacaksın. Güvenilir olmakla ilgili kaygıların azalacak, kendini gerçekten göreceksin.

+ Gerçekten görmek…

A.K.: Nasılsın?

+ …

A.K.: Eskiden olsa, iyiyiz deyip geçerdik mesela.

Kendine İzin Ver: Merve, sürekli iyi olma halinde kalarak duygusal deneyimlerini bastırma yoluna gitmiş. Oysa başarısızlık, üzüntü, korku gibi duyguların deneyimlenmesi de gayet doğaldır; hayatın olağan akışına uygundur.

▶ **Öneri:**

Çocukken üzüldüğünüz, korktuğunuz ya da kendinizi kötü hissettiğiniz bir anınıza gidin. Orada olabildiğince kalmaya çalışın. O hissi bastırmadan, yok saymadan yaşayın. Yalnızlık, korku, fark edilmeme gibi duygularınızı kabul etmeniz kendinizi daha iyi anlamanıza yardımcı olacak.

Geçmişin Kabulü: Kendinizi olduğunuz gibi kabul etmek için çocukluk çağında yaşadığınız deneyimlerin hislerini anlamanız çok önemli. Bir olaya biri şaşırarak tepki veriyor fakat diğerini hiç etkilemiyor, neden? İkisinin de çocukluk yılları, deneyimleri, anneleri, babaları farklı çünkü. O anın hissettirdikleri ikisi için de farklı.

▶ **Öneri:**

Bugünün duygusal tepkilerini anlamak için çocukluğunu anlamalısın. Çocukluğundaki senin hislerini anladığında kendini kabullenmeye başlar. Kendini sevmeye başlar. Kendine merhamet başlar.

"Çocukluğumdan Beri Ne İstediğimi Bilmiyorum"

A.K.: Onu da öğret kendine: Kaçtığım duygulara temas ettiğimde yabancılaşabilirim.

\+ Kaçtığım duygulara temas ettiğimde yabancılaşabilirim.

A.K.: Ne hissettiğimi anlamayabilirim. Bu, normal bir şey.

\+ Ne hissettiğimi anlamayabilirim. Bu, normal bir şey. Bu normal ama ben çocukluğumdan beri ne hissettiğimi bilmiyorum, ne istediğimi bilmiyorum. Karnım acıkıyor, ne yemek istediğimi bilmiyorum. Benim çocuğum öyle değil, o ne yemek istediğini biliyor, bunu söylüyor. Ben doyduğum zaman doyduğumu anlamıyorum. Mide ameliyatı oldum, kırk kilo verdim ama hâlâ istediğim kiloya ulaşamadığımı düşünüyorum. Hırs yaptım bu konuda, bilmiyorum.

A.K.: Onu da söyle kendine: Kendime kilo aldırıp kadınlığımı öldürüyordum.

\+ Kendime kilo aldırıp kadınlığımı öldürüyordum.

A.K.: Kilo alındığında erkek de kadın da sevimli olur. Çok zayıf olanlar çocuksu olur, öyle gözükürler. Bir denge işi bu. Onu da öğret kendine: Çocukken buna izin vermiyorlardı.

\+ Çocukken buna izin vermiyorlardı.

A.K.: Artık kendimi hasta etmeyi bırakıyorum.

\+ Artık kendimi hasta etmeyi bırakıyorum.

A.K.: Çocukken aynada gördüğüm, o zayıf, güzel elbiseleri olan bebek olmayı bırakıyorum.

\+ Çocukken aynada gördüğüm, o zayıf, güzel elbiseleri olan bebek olmayı bırakıyorum.

A.K.: Büyüdüm.

\+ Büyüdüm.

(Uzunca bir sessizlik olur.)

A.K.: Son bir iki cümle daha ekleyelim mi? İstediğim zaman bebek olurum.

\+ İstediğim zaman bebek olurum.

A.K.: İstediğim zaman genç kız olurum.

\+ İstediğim zaman genç kız olurum.

A.K.: İstediğim zaman yaşlı bir teyze olurum.

\+ İstediğim zaman yaşlı bir teyze olurum.

A.K.: Bu ruhların hepsi benim.

\+ Bu ruhların hepsi benim.

A.K.: Önce yetişkin olmayı kabul edeceğim.

\+ Önce yetişkin olmayı kabul edeceğim.

Tüm gerçekler suratıma çarpıyor.

A.K.: Geldiğin için teşekkür ederim.

Ben teşekkür ederim.

(Sarılırlar.)

A.K.: Gel, pembelik çıktı. İçindeki kötü kızı da kaybetmeyeceğiz unutma.

Hiçbir şey öldürmüyoruz bitirmeden; önce kendimizi görüyoruz, kendimizi buluyoruz, tamam mı?

İçsel Dengeye Doğru: Ruhsal anlamda yaşanan yok sayışların bedende yankı bulduğundan sizlere bahsetmiştim. Merve'nin söyleyemedikleri, dile getiremedikleri, geçiştirmeye çalıştığı duyguları onu aynı zamanda duygusal bir açlığa da yönlendirmiş. Fazla kilo almış, bundan kurtulmaya çalışmış ve sonra olduğu halini yine sevmemiş.

▶ **Öneri:**

İçten dışa bir değişim de mümkün, dıştan içe de. Tercih sizin. Fakat içten dışa olan değişimlerin kalıcı olduğu ve kişinin yaşamına istikrar getirdiği her zaman aklınızda olsun. Duygusal tepkilerimiz yemekle olan ilişkimizi de belirler. Geçmişte yaşanan olumsuz deneyimlere karşı farkındalığı artırmak besinlerle ilişkimizi de düzenleyecektir.

Kişi bir yetişkine dönüşür ve babasının, hayatına nasıl yön verdiğiyle ilgili anılarını anlatır. Baba serttir, tutucudur, despottur ya da çok naif ve pasiftir. Birey babasıyla olan ilişkisinin hayatını tamamen yönettiğini iddia eder. Fakat anneyle kurulan bağ ya da kurulamayan bağ babanın hayatımızda oynadığı rolün katbekat üzerindedir. Annenin aktarımları, öfkesi, üzüntüsü, mutsuzluğu, ilgisizliği ya da sizi işgali hayatınıza yön veren asıl etkendir. Bunu keşfettiğiniz gün, hayatınızın "en farkında" günü olacak.

İYİ ANILAR BİRİKTİR

Her insan, geleceğini düşündüğünde hayatını da sorgulamaya başlar. Hepimizde vardır bu. Bazen dalıp bir şimdiye bir de geleceğe bakarız; ne olacak, daha iyi olacak mı diye sorgularız. Bu sorgulama bir ilişki, ekonomik bir süreç ya da sosyal hayatımız ile ilgili olabilir. Kendimiz için daha iyi, sağlıklı ve mutlu bir ömür temenni ederiz. Bize yanlış öğretilmiş, geçmişten, köklerimizden gelen bir konu var: Sürekli çalışmalısınız, üretmelisiniz, kazanmalısınız, bir şeylere sahip olmalısınız… Yaparsanız gelecek iyi olur, güzel olur, hayatınız kurtulur. Doğal olarak var olan bu beklenti insana sürekli harekete geçme zorunluluğu verir. Geçmiş zor bir geçmişse, çocukluk travmaları varsa, onlar da çalışılmadığı için yaşamaya devam edersiniz. Geçmişte yaşadığınız o travmalar, acılar ve onların duyguları beyninizde durur, saklanır. Amigdala onları bir yerde kullanmak üzere tutar.

Güzel bir yaz günü arkadaşların oyun oynamaya çağırmıştır.
Biraz ağaca tırmanırsın, biraz kovalamaca oynarsın. Sonra
ayağın takılır ve düşersin. Dizlerin kanar. Canın çok yanar.
Hiçbiri umurunda değildir.
O halde bile yaralarını değil düştüğü için annesinden
yiyeceği dayağı düşünen kaç kişiyiz?

Bunları aslında kader yazılımınız gibi düşünün; doğduğunuz ev, anneniz, babanız, birlikte büyüdükleriniz, yaşadığınız olaylar... Bu olaylar bilinçdışınıza duygu olarak yerleşir. Çocuklukta yaşadığınız değersizlikle bu duygular orada bir kader örgüsü oluşturur. Kendinizi çok değersiz bulabilirsiniz, terk edilmiş ve anlaşılmamış hissedebilirsiniz. Belki şiddete maruz kaldınız, öldürülmekten korkuyorsunuz ya da aidiyetsizlik hissediyorsunuz. Bu duygular beyninizden kaslarınıza kadar en diplere, en derinlere yerleşir. DNA'nıza yerleşip oradaki proteinleri değiştirir. Bedeninize, iliklerinize işler; o travmaların duyguları sizde bir hal ve huy yaratır. Duruşunuz, beden diliniz, konuşma şekliniz, farkında olmadan kullandığınız mimikleriniz karşı tarafa aktardığınız bazı duygulara dönüşür. Değersizlik duygusu varsa, reddedilme korkusu varsa, dışlanma varsa, yalnız bırakılma varsa, öldürülme korkusu varsa; bütün bunlar kaslara, mimiklere, bize ait her noktaya yerleşir.

Büyüdükçe iş ilişkileri geliştirirsiniz, sosyal hayatta yakın ilişkiler kurmaya başlarsınız. Karşınızdaki kişi sizi gördüğünde, sizinle ilişki kurduğunda aslında iki tarafın da beğenisi söz konusudur; arada görünmeyen bir bağ vardır. İnsanlar, kendilerini "onun yanında şu duyguyu hissediyorum" ya da "bana böyle bir duygu veriyor" şeklinde ifade ederler. Siz o duyguları çalışmadıkça, o duygulara temas etmedikçe devam etmeniz mümkün olmayacak. Çünkü size başka türlüsü öğretildi; önünüze bakmanız, koşturmanız, tembel olmamanız, oturmamanız, boş boş durmamanız salık verildi. Dinlenmeye bile hakkınız yok; düşünmeye de, üzülmeye de. "Ne derdin var senin, neye üzülüyorsun, boş ver, takma" diyen sistem dinamikleri, size hayatı olduğu gibi yaşamayı, hiç durmadan devam etmeyi, hiçbir şeyin acısını yaşamadan diğerine geçmeyi dayatıyor. Böylece geçmişteki bütün duygular beyninizde duruyor ve bu duygular sonunda kaderiniz oluyor. O zaman da beyniniz o duyguları size tekrar yaşatacak insanları hayatınıza çekmeye başlıyor. Gelecekte mutlu olmak istiyorsunuz ama gerçekleşmesi epey zor çünkü iyi ve mutlu hissettiğiniz anlar genellikle çok kısa.

Kahkaha attığımız, eğlendiğimiz yerlerde gerçekten iyi hissettiğimiz için mi gülüyoruz? Gerçekten iç dünyamız iyi olduğu için mi neşeliyiz? Kendimizi böyle mi huzurlu hissediyoruz yoksa içimizde taşıyamadığımız zor duyguların varlığından kaçmak için mi gülüp eğleniyoruz? Bundan dolayı mı mutluyuz? Bunun ayrımını genelde yapamıyoruz ama gerçekten iyiysek ve iyi hissettiğimiz için neşeliysek, eğleniyorsak bu iyi bir şey. Ama kötü duygudan kaçmak için abartılı kahkahalar atıyorsak; zorla gülmeye, mutluymuş gibi gözükmeye, hissetmeye çalışıyorsak işte bu, hiç de iyi değil. Çünkü durduğumuzda kötü hissediyorsak, bu bizim beynimizdeki iyi duyguları da bitiriyor.

Beynimizde kötü duygular kadar iyi duygular da var; çocukluğumuzda, ergenliğimizde yaşadığımız iyi anılarımız da var ama beynimiz bu anıları kaydetmez. Bu anıların duygularını kaydeder.

Beyni sonsuz ve dipsiz bir oda gibi düşünün. İyi anılarımızın duyguları orada durur ama diğer taraftan kötü anılarımızın duyguları da oradadır. Beynimiz kaderimizi hafızasında olanlara göre belirler. Genelde insan kötü duygudan kaçtığı, mutlu olmaya ve iyi hissetmeye çalıştığı için oradaki duyguları bitirir. Bir süre sonra etrafındaki çok az şey onu mutlu etmeye başlar. Düne kadar çiçekle böcekle, küçük bir hediyeyle, bir kısa mesajla mutlu olabiliyorken ya da nefes aldığında, güneşe baktığında iyi hissedebiliyorken, bu iyi anlar kişide giderek azalmaya başlar. Çünkü sürekli cepten harcar.

14 Şubat Sevgililer Günü yaklaşmaktadır.
Genç adam acaba sevdiği kıza ne alsa? Parfüm mü?
Şimdi ne sevdiğini nereden bilecek. Kıyafet mi?
Ne alsa beğenmeyecek. Peki, oyuncak ayı? Harika bir fikir. Kesinlikle çok mutlu olacak!
Böyle düşünen kaç kişiyiz?

Beyniniz kendisini iyi hissettiğinde, bir sohbetin içinde ya da bir işle uğraşırken mutlu olduğu anlarda aslında o durumun kendisinden dolayı mutlu olmazsınız. Elinizde bir oyuncak var ancak sizi mutlu eden o oyuncağın kendisi değildir. Beyninizde, geçmişte yaşadığınız iyi anıların iyi duyguları vardır; dolayısıyla beyniniz oyuncakla ilişki kurarken o iyi duyguları kullanır. Nesneler içimizdeki duyguyu ortaya çıkarırlar, bunun için aracılık yaparlar ancak kötü duygular için de aracılık yaptıklarını unutmamak gerekir.

Her Şeyi Olan Adam

"Her şeyim var," diye anlatıyordu hayatını. "Her şeye sahibim ve isteyebileceğim hiçbir şey kalmadı hayattan. Bıkmış durumdayım, bezginim. Hiçbir yerde nefes alamıyorum. Nereye gitsem mutsuzluğum da benimle birlikte geliyor. İçimdeki hiçbir duygu gerçek değilmiş gibi ve dışım da bambaşka bir şarkı çalıyor. Önceden böyle değildi."

En çok ne zaman mutsuz olduğunu detaylandırmasını istedim ondan. "En mutsuz olduğum anlar, en kalabalıkta olduğum zamanlar," diye yanıtladı. Yalnız kalmaya ise hiç mi hiç tahammülü yoktu. "Yalnız kalırsam, tek başıma hemencecik ölecekmişim gibi geliyor."

Çalışma yaşamında bir yıpranma payı vardı. İç organlarımızın yaş aldıkça yaşlanma ve yıpranma süreci vardı. Duygularımızın da yok muydu? Her şeyi olan 70 yaşındaki bir insanın hâlâ hayattan bir alacağı olamaz mıydı? Onu bu denli mutsuz kılan, yılların birikmişliğiyle gelen bir duygu yorgunluğu olabilir miydi? "Bu yaşamı elde etmek için çok çalıştım. Dört çocuğuma ve torunlarıma yetecek bir servet edindim. Bunu yaparken hiç durmadım. Gecemi gündüzüme kattım. İşi düşünmeden geçen bir saniyem bile olmadı. Farklı sektörlere yayıldığımızda, bilmediğim bir alansa onu da canla başla öğrenme gayretim oldu. Zorluklar karşısında yılmadım. Geceleri öfkemden kudursam da gündüz işe gittiğimde bunu kimselere yansıtmadım. Duygularımı açığa vurmadım. Bu benim en büyük gücümdü. Şimdiyse hangi duygumu yaşarsam yaşayayım içimde tutmam mümkün olmuyor. Gözümün kenarında sanki hep bir damla gözyaşı duruyor. İçimdeki boşluğu doldurmaya ne çocuklarım ne de torunlarım yetiyor. Aklıma sürekli karım geliyor. Onunla yeterince ilgilenemediğimi düşünüyorum. Öldü gitti işte. Ha bugün ha yarın ha öbür ay diyerek avuttuğum karım da öldü. On torunu, dört çocuğu olan bir adam, evinde çalışanları olan zengin bir adam kendisini yalnız mı hisseder? Hissediyorum işte. İşi de çocuklara devredince hepten yalnızlık ve mutsuzluk hisseder oldum."

Fakat bir an da olsa durmalıydı... Gününü ve çocuklarının geleceğini kurtarırken duygularını hiçe saydığını fark etseydi, belki yapabilirdi. Duygularını öteleyerek, göstermeyerek edindiği güç şimdi onu kendi silahıyla vuruyordu. Belli ki geçmişinde iş hayatından başka iyi anıları da yoktu.

İlişki kurarken, iş yaşamında bir zorlukla karşılaştığımızda, duygularımız hayatın içinde aracılık rolü üstlenirler. Gerçekte kötü olan duygularımız değildir; bazı tesadüfler, olaylar, insanlar, sözler beynimizin içindeki kötü duyguları ortaya çıkarırlar. İyi anılarımız fazlaysa beyin iyi anıları öne çıkarır, geçmişimiz kötü anılarla doluysa beynimiz o kötü anıların duygularını ön plana alarak çalışır. O halde, şimdiki zamanda sık sık iyi anı biriktirmeye ihtiyacımız olduğunu artık biliyoruz. Ailemizle, sosyal çevremizle, tanımadığımız insanlarla, eşyalarla, işimizle, bindiğimiz arabadan tutun da her gün gidip geldiğimiz metrobüse kadar ve hatta üzerimize yağan yağmurdan mavi gökyüzüne kadar her nesne, durum ve canlıyla iyi ilişkiler kurmayı öğrenmemiz gerekiyor.

İyi ilişkiler kuralım ki iyi anılar biriktirelim.

Bunun yanı sıra güçlü bağ kurabilmek de önemli. Yani gerçek ve canlı bir ilişkiyi oluşturabilmenin ve sürdürebilmenin tek yolu bu. Bunun için de kendimizi geliştirmemiz gerekiyor. Kendimizle temas ediyor, çalışıyor olmamız lazım; çünkü hayat gerçekten düşündüğümüz gibi değil. Çok farklı sorunlarla karşı karşıya kalıyoruz; bunun sonucunda sıkışıyoruz, işgal ediliyoruz, anlaşılmamız zorlaşıyor. Geleceğe bakarken kaygı duyuyoruz. Uyaran çok olduğu için hangisiyle uğraşacağımızı, ne yapacağımızı da bilemiyoruz.

Bir başka açıdan bakacak olursak, dünya değişmeyecek, en azından bunu biliyoruz. Her şey böyle devam edecek; dolayısıyla bizim de hayata uyumlanmamız gerekiyor. Evet, kızacağız, öfkeleneceğiz, konfor alanımıza çekilip aynı şeyleri yapacağız, hiç gelişmeden durup şikâyet etmeye devam edeceğiz ve böyle insanları da kendimize çekeceğiz. Bu da bir yol, bir seçenek.

Ya da tam tersini yapacağız. Gelişmeye çalışıp kendimize temas edeceğiz. Yalnız kalmayı da ilişki kurmayı da geliştireceğiz ki beynimiz bunu başarabilmiş insanları çeksin, onlarla daha güçlü ilişkiler kursun.

Daha gerçek, daha iyi anılar oluşturabilmemiz gerekiyor. Çünkü para kazanmak, kendini geliştirmek, zengin olmak çok önemli ve kıymetli ama bunu yaparken ileride ne yaşıyor olursak olalım, daha iyi hissetmemiz için şimdiki zamanda iyi anılar biriktirmemiz de şart. İyi duyguları olan insanlarla zaman geçirmemiz, onlarla bağ kurmamız gerek.

İyi anılar, hayatımıza anlam, mutluluk ve memnuniyet katar. Zamanımızı sevdiklerimizle, sevdiğimiz aktivitelerle geçirmek, yeni deneyimler yaşamak ve güzel anılar oluşturmak, ruhsal ve duygusal iyi oluşumuzu destekler.

Yalnızlık bir erdem olabilir ve insanı geliştirir ama ilişki kurmak çok daha önemlidir. Anılarımız yoksa, yalnızlığa ait anılarımız çoğunlukta kalır. İnsanlarla ilişki kurmanın yanı sıra kendimizi geliştirmeli, potansiyelimizi zorlamalı, sınırlarımızı açmalıyız. Evet, anlatması çok kolay, okurken o anlık iyi bir duygu verse de bunları gerçekleştirmek gerçekten zordur. Dinlediğimizi de anladığımızı da gerçekten derinden hissedebilmek önemli. Sabah uyandığımızda tekrar o duyguda kalabilecek miyiz? O samimiyeti gösterebilecek miyiz? Konfor alanımızdan çıkabilecek miyiz? İyi anlar biriktirmemiz gerekiyor. O yüzden daha canlı ve daha iyi olabilmenin yollarını arıyor olmalıyız. Şikâyeti azaltıp, hem içeriden hem dışarıdan çözümcül bir bakış açısı geliştirmeliyiz. Bir şeyleri kaybettiğimizde kaybetmiş olmayı, başarısız olduğumuzda başarısızlığı samimi bir kabulle deneyimlemeliyiz.

Bir ayrılığı deneyimlediğinizde, aynı zamanda acı çekerken ayrılmış olmayı, terk edilmiş olmayı, yalnız bırakılmayı, haksız olmayı deneyimlersiniz. Kendinizi yarı yolda bırakılmış, ortada bırakılmış hissedersiniz. Utandığınız bir şey yaptığınızda, utancı deneyimlersiniz. Duygular nasıl geliyor, beyniniz ve bedeniniz bunu nasıl taşıyor, nasıl algılıyor, ne acılar çekiyor; deneyimlersiniz. Bazen tek taraflılığı veya haksızlık yapmış olmayı deneyimlersiniz. Tüm bu deneyimleri kazanırken kendinize kızmamanız, kendinizi suçlu hissetmemeniz gerekiyor. Yaşamda her şeyin bir deneyim olduğunu biliyoruz. Evet, belki yine konuşurken, dinlerken, okurken kolay; uygulamaya geçince zor gelebilir ama deneyin.

İyi anılar biriktirmek için rutinlerimizi ve alışkanlıklarımızı zaman zaman sorgulamalı ve değiştirmeye hazır olmalıyız.

Mesela, otobüsü ya da metroyu kaçırdığınız için işe geç kaldınız. Tabii ki işe hep geç gitmeyin ama başınıza böyle bir şey geldiğinde mahcup olmayı, yanlış anlaşılmayı, suçlanmayı, dışlanmayı deneyimleyin. Bu, beynimiz için önemli. Bu noktadan kendimize temas edebiliriz. Başka türlü hiçbir yere temas edemiyoruz. Sorunlar yaşadığımızda dünyayla, diğer insanlarla, ama en önemlisi kendimizle olan ilişkimizi bozmaya başlıyoruz. Her halimizle çalışabilmek, kendimizi her yönden geliştirebilmek bu olsa gerek. O yüzden iyi anılar biriktirmek lazım; iyi ve kendini geliştirebilen insanlarla birlikte olmak için kabulle bu yolda olabilmek lazım. Göreceksiniz şimdi biriktirmeye başladığınız bütün iyi anılar, gelecekte size iyi hissettirecek cebinizdeki iyi duygular olacak.

Geleceğinize lütfen iyi bakın. Göreceğiniz manzara neyse, şimdiki halinizle bağlantılı olduğunu gözden kaçırmayın.

KARARLARINIZI NASIL EYLEME GEÇİRİRSİNİZ?

Sizi birazdan Cenk ile tanıştıracağım. Çocukluğu uslu geçmiş bireylerden biri; çoğumuz gibi anlayacağınız. Düşersin dedikleri için bisiklet sürmeyi öğrenemeyen, boğulursun dedikleri için yüzemeyen, terler hasta olursun denilip spordan uzaklaştırılan insanlarla dolu dünya. Bunları yapan da ebeveynlerden başkası değil. Sorsak hepsi onların iyiliği için olduğunu söyleyecek. Bu bölümde, özgüveni, başarı ve başarısızlığı, kaygıyı, konfor alanını, geçmişi ve keşkeleri inceleyeceğiz. Hepsini zamanın akıp gittiği bilinciyle yapalım.

A.K.: Hoş geldin.

\+ Hoş bulduk.

A.K.: İsmin nedir?

+ Cenk.

A.K.: Nasılsın Cenk?

+ Karışığım biraz, heyecanlı ve karışık.

A.K.: Karışıklığını nasıl tanımlarsın?

+ Karışıklığım çok derinden.

A.K.: En yoğun yaşadığın duygu mu bu karışıklık?

+ Bu ara, evet.

A.K.: Her şey karışmış, hiçbir şeyi kontrol edemiyoruz.

+ Zamanı yakalayamadığımı, onu kaçırdığımı düşünüyorum. Özellikle işimle ilgili karar veremiyorum. Çok arada kaldım.

A.K.: Ne olacak diye mi?

+ Bir tarafım kendi işini yap, kendi kendinin patronu ol diyor. Ama bir tarafım da yöneticilik yapmak istiyor. Yöneticilikten geldiğim için, arada kalmış durumdayım.

A.K.: Sıkıştın.

+ Evet, sıkıştım.

A.K.: Peki, şu an çalıştığın işyerinin, yaptığın işin, pozisyonunun bir cinsiyeti olsa kadın mı yoksa erkek mi olur? Sadece hayal et, düşün.

+ Sanırım kadın olur.

A.K.: Bu kadın geçmişinde biri olsa, kim olur?

+ Annem olur.

A.K.: Annen olur, tamam. Peki, kendi işinin patronu olmanın, kendi işini yapmanın bir cinsiyeti olsa ne olur? Erkek mi, kadın mı?

+ Erkek olur.

A.K.: Bu erkek geçmişte biri olsa kim olur?

\+ Geçmişte kimseyle eşleştiremiyorum bunu.

A.K.: Daha kendin gibi misin?

\+ Evet, daha kendim olduğum bir alan.

A.K.: O zaman anneyi bırakamıyoruz; anneyi bırakamadığımız için kendimiz olamıyoruz.

\+ Doğrudur.

A.K.: Çocukluğunda böyle bir şey hatırlıyor musun?

\+ Çok özgüvensiz büyüdüğümü düşünüyorum. Bir şeyler yapmak istediğimde, sen anlamazsın, karışma, yapma dendi.

A.K.: Kim diyordu bunu?

\+ Ailem.

A.K.: Annen mi?

\+ Annem. Yani aslında sadece annem diyemem. Bir atılım yapmak istediğimde, "Olmaz, şimdi değil," ya da "Dur bakalım, o işler öyle olmaz," gibi çok sözler duydum.

A.K.: Engellendin.

\+ Evet, engellendim, baskılandım. Kendime ait bir şey olmasını istediğimde hep durduruldum, ne gerek var dendi.

A.K.: Yoğun duygular…

\+ Evet.

Kendini Tanıma Çabası: Cenk'in buraya kadar olan diyaloğundan onun kendini tanıma konusunda yetersiz kaldığını görüyoruz. Bu özellik sadece ona ait de değil. Pek çoğumuz kendimizi tanımakta, kendi duygularımızı tanımlamakta zorlanıyoruz.

► **Öneri:**

Karışıklık ve sıkışmışlık duygularınız varsa, o duygunun kaynağını bulmaya çalışın. Sıkışmışlık hissini inkâr etmek yerine kendinizle ilgili tam olarak ne hissettiğinizi, neden hissettiğinizi ve ne zamanlar hissettiğinizi bulun. En derinde bu geçmişinizde neye, hangi konu ya da insana eşitleniyor, onu da bulun.

Kararsızlık Duygusu: Karar veremediğimizde bu kararı engelleyen aslında kim sizce, biz miyiz? Kararlarımızı yalnızca kendi irademizle mi veriyoruz? Eğer kendi içinizde bir çatışma yaşıyorsanız zihninizde konuşan seslere odaklanın.

► **Öneri:**

Diyelim ki, zihninizde bir kararla ilgili iki ses var. Biri işten ayrıl diğeri işi bırakma diyor. İşten ayrılma diyen aslında kim, onu bulun. İşten ayrıl diyen aslında kim, onu bulun.

Özgüven Eksikliği: Özgüvenin tohumları da çocukken atılıyor. Cenk'te olduğu gibi aile size sorumluluk vermez, sen yapamazsın, düşersin, sen yorulma, aman koşma derse yetişkin bir insan olarak kendinizi ciddi anlamda özgüven eksikliği yaşarken buluyorsunuz.

Öneri:
Özgüveninizi artıracak çalışmalar yapın. Sen yapamazsın dedikleri bir işe başlayın ve onu tamamlayın. Birinci olmak zorunda değilsiniz, bazen tamamlamak birinci olmaktan daha kıymetlidir.

"Kendi Sesimi Duyamıyorum"

A.K.: Beş yıl içinde ulaşmayı düşündüğün hayalin, hedefin nedir?

\+ İyi bir yönetici olmak isterim herhalde. Yani iyi bir yönetici olduğumu düşünüyorum. Daha iyi bir şirkette iyi bir yönetici olmayı çok isterim.

A.K.: Kendi işini yapmak istemiyor musun?

\+ Şu anki duygum, karışıklığım o noktada. Bunu yapmak istiyor muyum? Kefeye koyduğum zaman öbürü daha ağır basıyor şu an. Yani yöneticilik daha ağır basıyor.

A.K.: Şöyle söyle kendine: Annemin duyguları çok ağır üzerimde, kendimle ilgili bir karar veremiyorum.

\+ Annemin duyguları çok ağır üzerimde, kendimle ilgili bir karar veremiyorum.

A.K.: Eğer kendim olursam…

\+ Eğer kendim olursam…

A.K.: Ne olur?

\+ Herhalde yine baskılanırım, durdurulurum. Beynim sürekli beni frenliyor.

A.K.: Yapma, etme, dur…

\+ Ya böyle olursa ya şöyle olursa, doğru…

A.K.: Ya kötü olursa, ya başıma şu gelirse…

\+ Ya eskisi gibi olursa, ya yine dibi görürsem korkuları çok var.

A.K.: İç dünyan dolmuş.

\+ Dolu, çok dolu.

A.K.: Bir sürü ses var.

\+ Evet, çok.

A.K.: Çocuğa sürekli bir şey anlatıyorlar; şöyle yap, böyle yap, bunu yapma, bunu etme, bunu söyleme, bunu yeme, bunu içme, buraya gitme… O zaman şunu söyle kendine: Ne zaman bir şeyle ilgili karar versem, karar vermeye çalışsam, içimde annem ve babamın sesleri artıyor.

\+ Ne zaman bir şeyle ilgili karar versem, karar vermeye çalışsam, içimde annem ve babamın sesleri artıyor.

A.K.: Kendi sesimi duyamıyorum.

\+ Kendi sesimi duyamıyorum.

A.K.: Nasıl geldi bu?

\+ Doğru geldi.

A.K.: Hafif çözüldü bir yer sanki.

\+ Doğru geldi, evet.

A.K.: "İçimdeki sesler bana ait değil." Evet, karışığız; peki hâlâ beş yıl içinde yönetici mi olmak istiyorsun?

\+ Evet. Baktığımda kurumsal bir yerde iyi bir yönetici olmak hedefim mi diye soruyorum. Evet, hedeflerimden biri.

A.K.: Oradaki kazanımın ne olacak?

\+ Belki de o düzenden hoşlandım. Daha önce de kendi işimi yapıyordum ama bir düzenim yoktu. Kurumsala geçtim, beş altı yıl çok güzel bir düzenim vardı. Şimdi tekrar bir karışıklık var ama belki de o düzeni, insanlarla iletişim kurmayı, insanları yönetmeyi seviyorum.

A.K.: O iyi geliyor.

\+ O çok iyi geliyor.

A.K.: İnsanları yönetmek mi?

\+ Yönetmekten kastım iyi bir lider olmak.

A.K.: O başka bir şey. Orada bir ayrım yapmak gerek; yöneticilik ayrı bir duygu, liderlik ayrı bir duygu. Lider; karar veren, yol gösteren, neyin ne olduğunu iyi anlatabilen, iyi motive eden biri, aynı zamanda iyi bir mentor olmak zorunda, özellikleri bu. Yönetici ise arabulucu; kişilerle iyi ilişki kurması gerekiyor. Durumları, süreçleri, olayları iyi bir şekilde yönetmeli, konumlandırmalı, her şeye hâkim olmalı. Lider yol göstermeli, yönetici o durumu yönetmeye çalışmalı. Sen, iyi bir yönetici ama aynı zamanda lider olmak istiyorum diyorsun.

\+ Evet.

A.K.: Yönetici, lider değildir.

+	Demek orada da karışmışım.
A.K.:	Yöneticilik anneden gelir. Liderlik babadan gelir. Bu, kadın lider olamaz demek değil. Annelik ve babalık duygusu öyle geçer; anne her şeyi yönetir. Sizin evde de her şeyi anne yönetmiş, her şeye o karar vermiş ve hep onun dediği olmuş.
+	Evet, öyle.
A.K.:	Evli misin?
+	Evliyim.
A.K.:	Evliliğin nasıl, eşinle aran nasıl?
+	İyi.
A.K.:	Orada bir karıştık galiba.
+	Karışık olmadığım tek yer orası diyebilirim, çünkü mümkün olduğunca birlikte karar vermeye çalışırız. Birlikte epey zorluklar atlattık. Hayatı birlikte yürütmeye özen göstermeye çalışıyoruz. Tabii ki dönem dönem düşüşlerimiz, çıkışlarımız oluyor.
A.K.:	Şimdi şunu söyle: Uzun uzun konuşup gerçeklerden kaçıyorum. En iyi yaptığım şey bu.
+	Uzun uzun konuşup gerçeklerden kaçıyorum. En iyi yaptığım şey bu.
A.K.:	Çocukken bunu kim yapıyordu? Birileri uzun uzun konuşuyor, sana duygu atıyor… Kimler yapıyordu?
+	Annem yapardı.
A.K.:	Tamam. "İçime annem geçmiş. Annemin beyni bize geçmiş."
+	Doğru.

A.K.: O beyinde yaşamak nasıl bir şey?

\+ İyi ama kendime göre iyi değil.

A.K.: Duygusu ne?

\+ Bana kötü hissettiriyor. Çünkü olmak istediğim kişi bu değil.

A.K.: (Yan tarafı işaret ederek) Oraya bir bakmanı istiyorum, kutunun içinde en çok ilgini çeken nedir?

\+ En çok kum saati ilgimi çekiyor.

A.K.: Al onu. Ne hissettiriyor?

\+ Zaman çok hızlı akıyor.

A.K.: Hızlı akması sana niye kötü geliyor?

\+ Yetişemiyorum, yetişememekten korkuyorum.

A.K.: Nereye yetişemiyorsun?

\+ Hayata.

A.K.: Hayatta ne oluyor da yetişemiyorsun?

\+ Karar veremediğim için bazı şeylere tam odaklanamıyorum, vakit kaybediyorum. Bunun da hem kariyerime hem hayatıma zarar verdiğini hissediyorum.

A.K.: Şöyle söyle: Hayatımı yönetebiliyorum ama kendime liderlik yapamıyorum.

\+ Hayatımı yönetebiliyorum ama kendime liderlik yapamıyorum.

A.K.: Bu yüzden de karar vermekte zorlanıyorum.

\+ Bu yüzden de karar vermekte zorlanıyorum.

A.K.: Bu nasıl hissettirdi? Büyük bir ihtimalle bir karar verdiğinde süreci iyi yönetiyorsun, ama beynin o kararı vermekte zorlanıyor.

+ Evet, doğru. Onun kararını vermekte zorlanıyorum.

A.K.: Orada sıkışıyorsun; çünkü kötü bir şey olabilir, yanlış bir şey yapabilirsin.

+ Ya da belki geçmişte yaşadığım şeyler beni bazı konularda durduruyor.

İç Ses Kime Ait: Cenk de pek çok insan gibi iç sesinin kendisine ait olduğunu düşünüyor. Oysa onlardan biri anne ya da babası. Bazen de her ikisi birden ebeveyn oluyor. Önce sesleri ayırt etmek gerekiyor. Sonra da o seslerden ayrışmak.

► **Öneri:**

İç sesinize kulak verin. Zihninizde dönüp dolaşan tilkiler kimin sesi olabilir? Anneniz mi yoksa babanız mı? Orada sizin sesiniz var mı, ona bakın. Siz başka birisiniz ebeveynleriniz başka. Bunu unutmayın. Kendinizle ilgili doğru kararları ancak bu şekilde verebilirsiniz.

Korkularımız: Cenk'in korkuları karar verme sürecini de etkiliyor. Korkularının esas nedenlerini ve neyin yanlış gittiği hakkındaki düşüncelerini keşfetmesi önemli bir adım olabilir.

► **Öneri:**

Korkularımızı tanımlayalım. Küçük düşeceğimizi düşünsek de, saçma olacağını hissetsek de onları tanımlayalım. Tanımadığımız şeyden korkarız Gerçekçi olmak sizi korkularınızla yüzleştirecektir.

Hedef Belirleme: Cenk iyi bir yönetici olmanın yanı sıra iyi bir lider de olmak istiyor. Bir yandan kendi işini yapmak diğer yandan bir kurumda kalmak istiyor. Aklı karışık anlayacağınız.

► **Öneri:**

Kendi değerini, tutkularını ve hedeflerini belirle. Ne yaparsan, ne kadar zamanda yaparsan ve hangi yöntemle yaparsan mutlu olursun? Düşünmeye başla. Bu keşif senin hangi yöne gideceğini de belirleyecek.

Liderlik: Cenk'in liderlik edeceği ilk kişi kim olmalı?

► **Öneri:**

Önce kendine liderlik etmelisin. Böylece ihtiyaçlarına uygun kararlar almakta da zorlanmayacaksın. Başkalarının senden beklentileri yerine, senin hayattan beklentilerin ne ise onlara odaklanacaksın.

Geçmiş Temizlenir mi?: Geçmiş, eğer Cenk onu anlarsa zihninde temizlenir. Silinmez, değişmez ama geçmiş bugünden baktığın açıyla başkaca yorumlanabilir.

► **Öneri:**

Geçmişte yaşadığımız deneyimler karar verme sürecimizi de etkiler. Geçmiş deneyimlerini anlamak, bunların sana etkisini fark etmek, travmatik ya da olumsuz deneyimlerin karar mekanizmanı etkilediğini bilmek doğru adımlar atmanda sana yardımcı olacaktır.

"Keşkelerimin İçinde Boğuluyorum"

A.K.: Söyle şimdi: Annem ne dediyse haklı çıktı. Beynime sürekli başarısızlık yükledi.

\+ Annem ne dediyse haklı çıktı. Beynime sürekli başarısızlık yükledi.

A.K.: Ben de buna inandım, bana ne verildiyse onu yaptım.

\+ Ben de buna inandım, bana ne verildiyse onu yaptım.

A.K.: Bu yüzden de çok zaman geçti. Şimdi de aynı şeyleri yapmaktan korkuyorum.

\+ Aynı şeyleri yapmaktan korkuyorum.

A.K.: O zaman daha cesur olmak lazım. Şimdi konu biraz değişti. Daha cesur olursan ne olur?

\+ Kendim olurum gibi hissediyorum şu an. Çünkü seviyorum cesaretli olmayı, bu benim için iyi bir şey.

A.K.: Kendin olunca daha özgür olacaksın.

\+ Evet.

A.K.: Özgür olmanın bir bedeli var ama, ne olabilir bu?

\+ Bazı şeylerden uzaklaşmak olabilir.

A.K.: Bazı şeyleri kaybetmek gibi mi?

\+ Evet.

A.K.: Uzaklaşmak, mesafe koymak…

\+ Onu göze alıyorum, değişmeyi kabul ediyorum. Çünkü bu şekilde gitmesini istemiyorum.

A.K.: O döngüden çıkmak istiyorsun.

\+ Kesinlikle.

A.K.: Bak sürekli konuşuyoruz, zaman geçiyor. Hâlâ çözüme gelemedik. Niye böyle oluyor sence?

\+ Bir şeyler denedikçe zaman geçiyor, bu da bende stres yaratıyor. Deniyorum, bir türlü istediğim şey olmuyor.

A.K.: Şimdi çocukluğundan böyle bir şey hatırlamanı istiyorum. Zaman geçiyor, bir şey olmuyor, öyle bir anı. Kaç yaşındasın?

\+ Yaşımın on dört olması lazım.

A.K.: Neredesin?

\+ Kulüpteyim.

A.K.: İstersen gözünü kapat, daha iyi odaklanırsın. Ne oluyor kulüpte?

\+ Babam da var. İyi oynadığım bir maç sonrası, bir şey de kaybetmediğim halde babam hocalara inanmadığı için beni kenara çekti. "Yok," dedi, "oynamayacaksın." Zaten iyi olsam da o, "Her şey belli," dedi ve bir daha oraya hiç gidemedim ama çok istiyordum.

A.K.: Gözün kapalı bir şekilde o anıda kal şimdi. Andaki çocuğa bak: Baban senin hayatını elinden alıyor. Seni istediği kişiye dönüştürmeye çalışıyor.

\+ Baban senin hayatını elinden alıyor. Seni istediği kişiye dönüştürmeye çalışıyor.

A.K.: İleride, büyüdüğünde, kendi işlerini yapmakta zorlanacaksın.

\+ İleride, büyüdüğünde, kendi işlerini yapmakta zorlanacaksın.

A.K.: Kendin olmak sana kötü gelecek.

\+ Kendin olmak sana kötü gelecek.

A.K.: İzin vermemişler çocuğa, farkında mısın?

\+ Evet.

A.K.: Ne zaman geçiyor?

\+ Cesaretim çok kırıldı. Küçükken kırılmasa belki çok daha farklı şeyler yapabilirdim.

A.K.: Onu da öğret kendine: Sürekli keşkelerim var, onların içinde boğuluyorum.

\+ Sürekli keşkelerim var, onların içinde boğuluyorum.

A.K.: Annemle babamın da keşkeleri çoktu. Kendi başaramadıkları şeyleri bana attılar.

\+ Annemle babamın da keşkeleri çoktu. Kendi başaramadıkları şeyleri bana attılar.

Düşük Özgüven: Bu diyaloğu okuduğunuzda Cenk'in özgüveninin düşük olmasının ne kadar da doğal olduğunu fark etmişsinizdir. Ebeveynlerimiz böyledir, kendi başarısızlıklarını çocuğa aktarırlar. Fakat bu döngü kırılabilir.

► **Öneri:**

Kendi özgünlüğünü fark etmek için cesur adımlar atmalısın. Anne ve babandan zihnen ayrıştıkça daha özgüvenli ve daha kendin olacaksın.

Başarısızlık Korkusu: Yapma, etme, yapamazsın, başaramazsın diyen ebeveynlerin çocukları gelecekte başaramama korkusundan dolayı başarısız olabiliyorlar ya da tam tersi işkolik olup başarı uğruna hayatlarını heba edebiliyorlar.

► **Öneri:**
Başarısız olmaktan korktuğun her ne varsa üzerine gitmeyi dene. Büyük büyük adımlarla değil, küçücük, senin bile anlayamayacağın minik adımlarla.

"Aynı Şeyleri Düşünmeyi Seviyorsun"

A.K.: Bu nasıl geldi?

\+ Doğru geldi.

A.K.: (Kum saatine bakarak) Zaman geçiyor…

\+ Gözüm hep takılıyor.

A.K.: Biterse ne olacak bu şimdi? Çevireceğiz tekrar, her gün yaptığımız gibi yeniden başlayacağız. Hayat böyle bir şey değil mi zaten?

\+ Böyle de işte, böyle olmamalı.

A.K.: İnsanlar kendilerine üzülmeyi bir bıraksa. Üzülme duygusu öyle bir şey ki; anılarda, geçmişte yakalıyoruz sonra oturup ona üzülüyoruz. O yüzden bir insan kendisine çok üzüldükçe tembelleşir. Madden ve manen düşmeye başlar ya da yerinde sayar; gelişim olmaz. Üzülmeyi ya da düşünmeyi bıraksak mı artık?

\+ Bırakalım.

A.K.: Ha deyince de oluyor mu?

\+ Çalışırız, üzerinde çabalarız.

A.K.: Tek başına zor olmasın. Eninde sonunda burada tek kalıyor insan.

\+ Bir yardımcı bulamayacağımıza göre…

A.K.: Kendi kendimize halledeceğiz.

\+ Kendi kendimize halledeceğiz.

A.K.: Ama zaman geçiyor işte…

\+ Onun önüne geçemeyiz, eyleme geçmemiz lazım.

A.K.: Bir şey yapmak lazım, onu da söyle kendine: Sürekli yapmam gerekenleri düşünüyorum ama yapmıyorum.

\+ Sürekli yapmam gerekenleri düşünüyorum ama yapmıyorum.

A.K.: Sen zamanının çoğunluğunu şöyle geçiriyorsun: Şunu yapmam lazım, şunu da yapabilirim, şu da olsa böyle olur… Sürekli düşünerek geçiriyorsun, eylem az. Zamanını hep oraya ayırmışsın.

\+ Doğru.

A.K.: Zaman akıp gidiyor. Şimdi nasılsın?

\+ Bir şeyler yapmam gerekiyor diye düşünüyorum ama…

A.K.: Hâlâ o duygudasın.

\+ Yani ne yapacağımı, nereden başlayacağımı bilemiyorum açıkçası.

A.K.: Eğer hayatta yeni bir şey yapacaksak, kafamız da karışmışsa, bu karışıklığın sebebini bulmamız gerekiyor. Kafamızı karıştıran kararlarımız değil, genelde geçmişten beri beynimizde duran bilgilerdir. Bu, hayatımızda bir yere geleceğiz, sürekli ve sürekli orada karışacağız, karar veremeyeceğiz demek. Buna sebep olan anıları bulacağız. Bu, beynimize ne zaman gelip yerleşti, o duygulara bakacağız. Sen aynı şeyleri düşünmeyi seviyorsun, buna alışmış beynin, farkında mısın?

\+ Kafadaki sorunlar aynı ve bir şey yapmak istediğinde sürekli tekrarlıyor. Atılım yapmak istediğinde hep aynı sorunlar var. Zaten sıralama belli: Ne olur, eskiye döner misin? Birilerini mahcup eder misin? Birilerini yüzüstü bırakır mısın?

A.K.: Bu da bir ağırlık getiriyor farkında mısın? Şu an ağırlaşmaya başladık iyice, sürekli düşünüp ağırlaşıyorsun. Düşünüp düşünüp ağırlaşıyorsun, şişiyorsun.

\+ Bu da sıkıntı yaratıyor.

A.K.: İç sıkıntısı işte, konu bu. Şu an nerende sıkıntı hissediyorsun?

\+ Şurada, göğsümde...

A.K.: Kapa gözünü, oraya koy elini, o sıkıntıya gir. Kendine şunu söyle: Annem içindeki bütün sıkıntıyı bana verdi. O da sürekli düşünür düşünür dururdu.

\+ Annem içindeki bütün sıkıntıyı bana verdi. O da sürekli düşünür düşünür dururdu.

A.K.: Sıkıntısı şu an bende. O da karar veremiyordu bir şeylere, sürekli beni düzeltmeye çalışıyordu.

\+ Sıkıntısı şu an bende. O da karar veremiyordu bir şeylere, sürekli beni düzeltmeye çalışıyordu.

A.K.: Kendisini düzeltemediği şeylerde beni düzeltiyordu.

\+ Kendisini düzeltemediği şeylerde beni düzeltiyordu.

A.K.: İçimdeki onun sıkıntısı. Artık bunu taşımayı bırakıyorum. Bu sıkıntı bana ait değil.

+ İçimdeki onun sıkıntısı. Artık bunu taşımayı bırakıyorum. Bu sıkıntı bana ait değil. Söylemek iyi geldi.

A.K.: Anneler ne yapar, bunun sebebi niye anneler? Anne, özellikle de çalışmıyorsa, evdeyse, daha çok çocuğuyla hayatını geçiriyor. Gözünün önünden yapamadığı birçok şey geçiyor, ulaşamadığı bir sürü şey var, bu da onda sıkıntı yaratıyor. Sürekli neyin nasıl olacağını düşünüyor, bir de travmaları varsa... Evde birkaç tane çocuk olduğunda, anne o sıkıntıların bazılarını çocuklarına veriyor. Nasıl veriyor bunu? (Danışanı tekrar kutuya yönlendirir.) Sen oyun oynuyorsun, oyna oradan bir şeylerle mesela. At şu ağırlığı üzerinden artık yeter, çocuksun şu an. (Danışan eline oyuncak olmayan bir nesne alır.) Çocuk onunla mı oynar? Çocuk ol, çocuk. Sen hiç çocuk olamadın mı?

+ Olamadık demek ki…

A.K.: Seni çocuk da yapmamışlar. Hemen büyüttüler mi seni, yetişkin olmak zorunda mı kaldın?

+ Belki de anlamadık, çocukluğumuzu anlamadık. Belki de çocuk olmuşuzdur ama anlamamışızdır.

A.K.: Hissedememişiz… Biraz şımarıklık yap bakayım burada, dağıt ortalığı biraz. Nasıl geliyor mesela böyle şeyler yapmak?

+ (Kutudan başka bir şey alır.) Evet…

A.K.: Söyle kendine: Beni hep uslu çocuk yaptılar. Hiç hata yapma hakkım yok.

+ Beni hep uslu çocuk yaptılar. Hiç hata yapma hakkım yok.

A.K.: Hata yapmayayım diye sürekli uyarıldım. Hata yapma hakkım elimden alındı.

+ Hata yapmayayım diye sürekli uyarıldım. Hata yapma hakkım elimden alındı.

A.K.: Sen küçükken bir şey tuttuğunda oradan başlıyorlar: "Elleme, ona dokunma, o öyle yapılmaz. Saçmalama, otur yerine, sesin çıkmasın, yeter!" Düzgün olacak her şey.

+ Doğru.

A.K.: "Bak, elâlemin çocuğu nasıl yapıyor. Sen?" Bu da olurdu eskilerde, sinir olur muydun?

+ Çok.

A.K.: Bunu söylemeyen ana baba nerede bulacaksın? Olmazsa olmaz. Hele o amcanın kızı, yengenin bilmem neyi, senden hep biraz yukarıda. Karneden pekiyi aldıysa lafı yedik.

+ Kesinlikle.

A.K.: Onu da yükle çocuğa…

+ Ben de çok fırsat vermişimdir.

A.K.: Fırsatı vereceksin ki bildiğin duyguyu alacaksın. Onu da söyle: Çocukken iyi duygu almayı çok bilmiyordum.

+ Çocukken iyi duygu almayı çok bilmiyordum.

A.K.: O yüzden uyarıldıkça kendimi var hissettim.

+ O yüzden uyarıldıkça kendimi var hissettim.

A.K.: Bazı çocukları çok uyardığında, onları görmüş oluyorsun ya; çocuk görüldüğünü hissediyor. Sevilerek görülmediği için, uyarılarak görüldüğü için bu sefer hayatta hep uyarılma ihtiyacı doğuyor.

\+ Doğru.

A.K.: Şimdi, herkesin beni uyarmaması için ne yapacağım? Beyaz yakada yönetici olacağım, öyle değil mi? Beyaz yakada yönetici olursan, lider olursan kimse seni uyarmaz ya da az uyaran olur. Ne olacak? O risk azalıyor. Yöneticiliği hallettin, gel bir de lider ol. Geç bakalım ananın babanın koltuğuna, oradan başla. Kararları onlar veriyor. (Kum saatini göstererek) Zaman geçiyor. Bak söyleyeyim Cenk, zaman hızlıdır, tutamazsın.

\+ Tutamıyoruz zaten.

A.K.: O zaman birinci kural: Sürekli aynı şeyleri düşünüp durmayı bırakıyorum. Hata yapma hakkım var.

\+ Sürekli aynı şeyleri düşünüp durmayı bırakıyorum. Hata yapma hakkım var.

A.K.: Başarısız da olabilirim. Başarısız olmak kötü bir şey değildir.

\+ Başarısız da olabilirim. Başarısız olmak kötü bir şey değildir.

A.K.: Sürekli başarısız olmak kötü bir şey olabilir. Onu da kendimle çalışıp çözebilirim.

\+ Sürekli başarısız olmak kötü bir şey olabilir. Onu da kendimle çalışıp çözebilirim.

A.K.: Uslu çocuklara, öyle yetişmiş insanlara genelde şunu öneririm, sana da öneriyorum: Hayatında bir dönem sürekli yaramazlık yapacaksın, saçma sapan şeyler yapacaksın, şımarık hareketler yapacaksın. Konforundan çıkacaksın, şımaracaksın, değişik şeyler yapacaksın. Sürekli düzgün olma, doğru olma, başarılı olma beyin için doğru bir bilgi değil. Bunları yapabilir misin?

\+ Yapabilirim.

A.K.: (Sol tarafını işaret ederek) Bak, burada seni şımartacak bir şeyler olabilir. Mesela ne var seni şımartacak?

\+ Para olabilir.

A.K.: Para verelim, hepsi senin, yeter ki sen çözül. (Parayı ortaya koyar.) Parayı verdik. Çok para nasıl geliyor?

\+ Güzel geliyor.

A.K.: Doğru söylemiyorsun inşallah. Kötü gelen ne? Çok paran var bak, çok. Parayla sorunun var mı?

\+ Çok hesap kitap yapıyoruz. Çok da rahat değilim.

A.K.: Sürekli parayla ilgili bir şey var.

\+ Oraya yetişecek mi, orayı döndürebilecek miyiz, çok düşünce var tabii.

A.K.: Çocukken var mıydı böyle şeyler?

\+ Evet, evde böyle bir durumumuz vardı.

A.K.: Tamam, söyle: Annemle babamın para kaygıları da bana geçti. Hâlâ o kaygıları yaşıyorum.

\+ Annemle babamın para kaygıları da bana geçti. Hâlâ o kaygıları yaşıyorum.

A.K.: Para travmalarla alakalı, onları çözersek parayla sorunumuz azalıyor. Para daha çok geliyor ama daha çok gelirse ne oluyor? İşler büyüyor, daha fazla risk alıyorsun, daha hızlı kararlar veriyorsun, az düşünüyorsun, hızlıca eyleme geçmek zorunda kalıyorsun. Her şeyden önce risk almak zorundasın. On tane risk alacaksın diyelim, bunun sekizi yanlış olacak. Batma duygusu olacak, sınıra, uçlara gelme duyguları olacak, büyüdükçe linç edileceksin, rakiplerin olacak, düşmanların olacak. Hani küçükken annenin seni onunla bununla kıyasladığı insanlar var ya, onlar etrafında artacak. Yöneticiysen kolay, çok fazla sorun yok ama kendi başına iş yapmaya başladığında farklı olacak. (Kum saatine bakarak) Ah, zaman geçiyor. Bunlar hep beynimizin içinde. Bunlar diyor ki, paradan uzak dur o zaman, gerek yok. Yönetebileceğin kadar paran olsun. Öğret kendine: Annemle babam çok zengin olmamı istemedi. Çok zengin olmaktan korkuyorlardı.

\+ Annemle babam çok zengin olmamı istemedi. Çok zengin olmaktan korkuyorlardı.

A.K.: Artık bunları taşımama gerek yok. Çok zengin olmak kötü bir şey değildir.

\+ Artık bunları taşımama gerek yok. Çok zengin olmak kötü bir şey değildir.

A.K.: (Kum saatine bakarak) Az kaldı.

\+ Bitiyor.

A.K.: Bitiyor mu? Hayat da böyle, başlıyor ve bitiyor her gün.

\+ Öyle.

Başarısızlık Hakkı: Günümüz çocukları sadece başarı odaklı bir eğitim sistemi, anne baba dayatması ve çevre baskısıyla büyüyor. Oysa başarı kadar başarısız olmaya da razı gelmeliyiz.

▶ **Öneri:**

Bazı durumlarda başarısızlık hakkınızı kullanın.

Yaramazlık Hakkı: Şımarmak önce çocukların ve sonra yetişkinlerin de hakkı. Çocukken sürekli bastırılmış kişiler büyüdüklerinde ya çok ipe sapa gelmez hareketlerle başa çıkmaya çalışıyorlar ya da çevrelerinde pısırık olarak adlandırılıyorlar. İkisi de aynı kökten, uslu çocukluktan geliyor.

▶ **Öneri:**

Yaramazlık hakkınızı kullanın.

Hata Yapma Hakkı: Uslu çocuklar hata da yapmıyorlar, doğru ama hayatlarında bir adım öne de geçemiyorlar. Yetişkin olduklarında ilerleyemiyor, karar alamıyor ve kaygıyla dolu oluyorlar.

▶ **Öneri:**

Hata yapmaktan korkmayın, hata yapma hakkınızı kullanın. Ömrünüzün sonuna kadar.

"Zaman Geçer, Her Zaman Yapacağın Bir Şey Vardır"

A.K.: İkinci kural: Her gün aynı şeyleri yapmayı bırakıyorum.

\+ Her gün aynı şeyleri yapmayı bırakıyorum.

A.K.: Bunu şöyle geliştireceksin; her gün hayatına yeni bir şey katacaksın. Değişik bir şey yapacaksın ama bu Cenk'in istediği bir şey olacak, tamam mı? Konfor dışına çıkacaksın, daha değişik konuları deneyimleyeceksin. Beynini şaşırtman lazım, bunu ona öğretmen gerekiyor. Değişik şeyler risk demektir. Hayatın içinde küçük riskler alıp onları geliştirirsen ileride alacağın büyük riskler için karar verme duygun hızlanır. Küçük riskler hayatta bazı şeylerin yerini değiştirir. Farklı yollardan eve git, risk al; aynı yerden gitme. Daha başka bir kıyafet giy, bu tarzı çok seviyorsun ama hiç sevmediğin tarzda bir kıyafet bul. Mesela bir gömlek bul. Şöyle söyle kendine: Ben bunu niye istemiyorum? Risk alıp giyeceğim. Onu giydiğimde başka bir Cenk olacağım. İnsanlar bakıyor mu, ne hissediyorum, çok saçma, bu ne... O duygular içimizdeki kötü duygular. Değişik bir çorap giy, gitmediğin bir mekâna git, yeni bir şey deneyimle, orada saçmala. Çocuk düzgün olmak zorunda... (Yine kum saatine bakarak) Zaman geçiyor, bitti. Nasılsın? Bitti. Üçüncü kural: Zaman geçer, her zaman yapacağım bir şey vardır.

\+ Zaman geçer, her zaman yapacağım bir şey vardır.

A.K.: Zaman ne zaman hızlı geçmez biliyor musun? Kendin olmaya başladığında tadını çıkarırsın. Kötü duyguya çok girdiğinde uzun sürer, geçmez; iyi hissettiğin zaman hızlandığını hissedersin.

\+ Evet, doğru.

A.K.: Kendin olman gerekiyor. Nasıl olacak?

\+ Çalışarak.

A.K.: Nasıl?

\+ Farklı şeyler yaparak.

A.K.: O zaman şunu da öğret kendine: Sürekli bana söylenenleri yapmak zorunda değilim. Ne istediğimi bulabilirim.

\+ Sürekli bana söylenenleri yapmak zorunda değilim. Ne istediğimi bulabilirim.

A.K.: Bunu da geliştireceğiz. Ona buna sormayacağız bazı şeyleri, kendimiz yapacağız. Bak zamanı yine başa alıyorsun, o tekrar devam ediyor. İşte buna hayat deniyor, böyle geçiyor ömür.

\+ Hep aynı geçmemesi lazım.

A.K.: Yine bir iç sıkıntısı geldi.

\+ Evet.

A.K.: Onu da söyle kendine: İyi duyguda çok az kalıyorum. Yine iç sıkıntım geliyor.

\+ İyi duyguda çok az kalıyorum. Yine iç sıkıntım geliyor.

A.K.: Sürekli böylesin; gün içinde sıkılıyorsun rahatlıyorsun, sıkılıyorsun rahatlıyorsun.

\+ Evet.

A.K.: Nasıl rahatlıyorsun?

+ Kendi kendime konuşarak.

A.K.: Tamam onu da öğret kendine: Annem konuşa konuşa rahatlıyordu. Kendini rahatlatıyordu, beni mahvediyordu.

+ Annem konuşa konuşa rahatlıyordu. Kendini rahatlatıyordu, beni mahvediyordu.

A.K.: Ben de şimdi kendime aynı şeyleri yapıyorum.

+ Ben de şimdi kendime aynı şeyleri yapıyorum.

A.K.: Annemi yuttum. Kendi kendime düşünüp konuşuyorum.

+ Annemi yuttum. Kendi kendime düşünüp konuşuyorum.

A.K.: Yönetici olmayı bırak. Lider olmayı geliştir. Son cümle, hazır mısın?

Yeni deneyimlere açık olmak: Çoğu insandan "Hayatım çok rutin," cümlesini duyarız. İşe git, çalış, eve geç, yemek ye, bir şeyler izle, uyu. Ertesi sabah rutinine devam et. Hafta sonu arkadaşlarınla buluş, yarı tatlı yarı tatsız vakit geçir, yine sıkıl, eve dön, ertesi günü akşamdan kalma geçir. Sonraki gün yine işe git. Böyle bir hayat mı istiyorsunuz?

▶ **Öneri:**

Yeni deneyimlere açık olun. Hayatınıza yeni arkadaşlar, ortamlar, hobiler, planlar, seyahatler, yeni bir iş alanı ekleyin. Görün bakın, hayatınız nasıl da renkleniyor.

Konfor alanı: Konfor alanı tehlikelidir. Deneyimlere açık olmayı engeller. Kişiyi tembelleştirir. O konfor alanına resmen hapseder. Konfor alanından çıkanlar yeni deneyimler yaşar, yeni işler kurar ve risk almaya cesaret ederler.

► **Öneri:**
Dönem dönem konfor alanınızdan çıkın. Hayatınızdaki rutinlerin azaldığını fark edeceksiniz.

"Bir Karar Verince Onu Hızlıca Eyleme Geçireceğim"

A.K.: Bir karar verince onu hızlıca eyleme geçireceğim.

\+ Bir karar verince onu hızlıca eyleme geçireceğim.

A.K.: Onu hızla eyleme geçiremiyorsun, sürekli ağırlaşıyorsun.

\+ Sorular geliyor.

A.K.: Şu an ne zorluyor seni? Konuşamıyorsun, sessizce konuşuyorsun, sürekli bedenin öne doğru, kapalı.

\+ Evet.

A.K.: Niye rahat değilsin? Hâlâ aynı duruştasın, bırak kendini. Niye rahat olamadığını bul.

\+ Karar alamadığım için olabilir.

A.K.: Daha hızlı konuş, yüksek sesle konuş, sesini daha çok çıkar.

\+ (Aynı cümleyi biraz daha yüksek sesle tekrar eder.) Karar alamadığım için olabilir.

A.K.: Sesini daha çok çıkar, biraz daha bağır!

\+ (Hâlâ normal tona yakın bir sesle konuşur.) Karar alamadığım için olabilir.

A.K.: Biraz daha bağır!

\+ (Biraz daha bağırarak tekrar eder.) Karar alamadığım için olabilir.

A.K.: Daha çok bağır!

\+ Karar alamadığım için olabilir.

A.K.: Bağırabilirsin!

\+ Karar alamadığım için olabilir!

A.K.: Daha çok bağırabilirsin!

\+ Karar alamadığım için olabilir!

A.K.: Utanıyorsun, bağırabilirsin; rezil olmaktan korkuyorsun.

\+ Karar alamadığım için olabilir!

A.K.: İnsanlar sana bakıyor diye çok rahatsızsın.

\+ Karar alamadığım için olabilir!

A.K.: Özgüvenin yok, çünkü bağıramıyorsun.

\+ Karar alamadığım için olabilir!

A.K.: Sesin daha çok çıkabilir!

\+ Karar alamadığım için olabilir!

A.K.: Daha çok çıkabilir!

\+ Karar alamadığım için olabilir!

A.K.: Nasıl geldi bu?

\+ Biraz rahatlattı.

A.K.: Söyle şimdi: Anneme ve babama çok öfkeliyim. Kurup kurup öfkeleniyorum.

\+ Anneme ve babama çok öfkeliyim. Kurup kurup öfkeleniyorum.

A.K.: Öfkeni azaltmak için boks yap bence. Hareket edebilmek için o duyguyu atabilmen gerek, o nedenle sana bunu öneriyorum.

\+ Tamam, yapacağım.

A.K.: Çok kurarsak, çok durursak öfkemiz de artmaya başlar. Bir parçacık kendimize kızıyoruz. O sesini çıkar, daha çok çıkar.

\+ Konfor alanından çıkacağız.

A.K.: Çıkacaksın. Kendin olmak böyle bir şey.

\+ Evet.

A.K.: Geldiğin için teşekkür ederim.

\+ Ben teşekkür ederim.

(Sarılırlar.)

A.K.: (Kum saatini vererek) Al zamanını, o hep hayatında, senin peşinde. Onunla gidebilirsin.

\+ Gidebilir miyim?

A.K.: Zamanı yanında taşımayı seversin. Bundan sonra, dağıttığın yerleri toplama. Yaramaz çocuk olmayı geliştireceksin. Giderken şunu söyle: Dağıtacağım, toplamayacağım.

\+ Dağıtacağım, toplamayacağım.

A.K.: Arkandan toplayan biri var zaten.

Erteleme Hastalığı: Kimileri vardır enfes fikirlere sahiptirler ancak ömürleri boyunca bir tanesini bile harekete geçiremezler. Kimileri vardır karar verir ve uygulamaya geçerler.

► **Öneri:**

Erteleme huyunuzdan vazgeçin. Ya daha az fikriniz olsun ya da o fikirleri eyleme geçirmenin yollarını bulun. Zihin, siz harekete geçtikçe yeniliklere kapı açacaktır.

Sizi Ne Rahatlatıyor?: Aşırı kaygılı, stresli, gergin, dargın olabilirsiniz. Bu duyguları hissetmeniz de gayet doğal. Fakat ne yaparsanız yapın azalmıyorsa size bir yöntem önerebilirim.

► **Öneri:**

Arabesk şarkılar dinleyip ağlayın; o duygu çıksın. Kendinize uygun spor türünü bulun, öfkeniz akıp gitsin. Aynanın karşısına geçin, bağıra bağıra kavga edin; olumsuz duygular sizden gitsin.

Bırak Dağınık Kalsın: Hep topladınız. Hep tertipliydiniz. Geçmişi düşün, şimdiyi düşün, geleceği düşün derken kaygılarınız hiç bitmedi. Sanki o ev toplanmasa dünya yıkılacak.

► **Öneri:**

O evi bir süre toplamayın. O saçı bir süre yıkamayın. O kahveyi bir süre içmeyin. Bakalım zihniniz size neler söyleyecek.

SAÇMALAMA HAKKI

Her insanın görülme arzusu vardır. Bakım veren tarafından fark edilme, görülme, özellikle bebeklik ve çocukluk dönemlerinde organizmanın yani canlının yaşadığını hissedebilmesi için gereklidir. Bu fark edilme bakım veren kişinin, anne baba ya da ebeveyn türevlerinin ruh dünyasıyla, ruh sağlığıyla yakından ilgilidir. Onların hangi duyguyla bebeği kucağına aldığı, ona yemek yedirdiği, onun bakımını sağladığı çok önemlidir.

Bebeğin duyuları olduğu gibi aynı zamanda duyguları da vardır. Duygular hissetmek demektir. Bebek açlık ve tuvalet ihtiyacı hisseder; bunun yanında dokunulmaya, iyi duygu almaya ihtiyaç duyar. Ama ebeveyn bu duyguları okuyamıyorsa, bebeğin ve çocuğun ihtiyaçlarını göremiyorsa kendi gözüyle bakmaya başlar. Eğer annenin iç dünyasındaki çocuk düzeltilmesi gereken, eğitilmesi gereken, kızılması, yargılanması gereken, psikolojik şiddete uğraması gereken ya da sevilmemesi gereken bir varlıksa, anne o duyguyla bakar. Çocukluk çağınızı hatırlayın. Burada önemli olan çocuğun ne zaman, hangi durumlarda görüldüğüdür. Eğer bir çocuk hata veya yaramazlık yaptığında, bir şeyi başaramadığında, ebeveynin istediklerinin dışında bir davranış sergilediğinde, sınırlarını zorladığında ebeveyn onu görüp, sürekli uyarıyorsa, istismar ediyorsa, cezalandırıyorsa, ona kızıyorsa, bağırıyorsa, psikolojik ya da fiziksel şiddet uyguluyorsa, çocuk şunu öğrenir:

"Ne zaman kendim olursam görüyorlar beni. Ne zaman yaramazlık yapsam görüyorlar beni.
Geçmişte böyle hisseden kaç kişiyiz?

Ne zaman şımarırsam, ne zaman yanlış bir şey yaparsam görüyorlar beni." Peki, o kişi sizi gördüğünde hangi duygularla uyarıyor? Size hangi duyguları veriyor? Çocuk bir yanlış yaptığında eğer ebeveyn o yanlışın karşılığında tepki olarak çocuğa değersizlik, yalnızlık, başarısızlık, sevilmeme, terk edilme, dışlanma ya da şiddet gibi, boğulma, öldürülme, yok olma, parçalanma, dağılma gibi duyguları veriyorsa; bu duygular çok ağırdır. Peki, bunlar nasıl verilebilir? Çocuk cezalandırıldığında, dışlandığında, itildiğinde, istismar edildiğinde ya da ona hakaret edildiğinde, bağırıldığında, küfredildiğinde, kötü söz söylendiğinde, dokunulmadığında, bu gibi hareketler yoluyla ebeveynin beynindeki değersizlik, yalnızlık, terk edilme, sevilmeme gibi duygular çocuğun beynine geçer. Çocuk şunu öğrenir: "Tamam. Demek ki ben annemin, babamın isteğinin dışında bir şey yaparsam dünya bana bu duyguları verecek."

Sekiz yaşına kadar çocuğun dünyası anne babadır. Bir çocuğun özellikle annesiyle olan ilişkisi, dünyayla olan ilişkisini belirler. Eğer annenizle bir probleminiz varsa dünyayla da probleminiz vardır. Beyin bunu öyle algılar: "Ben bunları yaptığımda dünya bana kötü duygular verecek. O zaman ne yapacağım? Ebeveynimin istediği çocuk olursam ondan iyi duygu alırım. Ne demek bu? Yaramazlık yapmayacağım. Onun sözünü dinleyeceğim. Evi dağıtmayacağım. Oyuncakları kırmayacağım. Sürekli oturacağım. Sessiz kalacağım. Onun istediği şekilde, istediği kadar yemek yiyeceğim; istediği saatte, istediği kadar uyuyacağım."

"Yaramazlık yaparsam cezalandırılırım. İyi de oyun oynamanın nesi kötü?" Bu karmaşayla düşünüp çocukluğu boyunca tüm günü kös kös oturarak geçiren kaç kişiyiz?

Böylece çocuk, ebeveyn ne derse o, yani "Tanrı" ne derse o olmaya başlar. Ebeveyn onun dünyasının bir anlamda Tanrı'sıdır. Uslu çocuk olur. Ne demektir uslu çocuk? Kendi olamayan çocuk demektir. Peki, çocuk iyi duyguyu nasıl alır? Uslu olduğunda, evde ya da dışarıda ebeveynin istediği gibi davrandığında iyi duygu alır. Sessiz sedasızdır, yaramazlık yapmaz; onlar ne derse onu yapar. "Aferin kızım, aferin oğlum," denildiğinde ya da dışarıdaki insanlar anne babaya "Ne güzel çocuk yetiştirmişsiniz," dediğinde ebeveyn dış dünyadan kendi anne babalığıyla ilgili iyi duygular alır. Bu onlara iyi gelir. Çünkü iç dünyalarındaki çocuk nasılsa, gerçekte dünyaya getirdikleri çocuk da aynı olur. Aslında çocuk uslu olduğunda ebeveyn iyi duygu vermez. Yaramazlık yaptığında çocuğa verdiği kötü duygular nedeniyle çocuk onun dediğini yaparsa, o duyguların kendisine gelmediğini fark eder. Çocuğun istemediği o kötü duyguları anne baba, çocuk uslu olduğu zaman vermez. Sonunda çocuk yavaş yavaş şunu öğrenir: "Artık benim ne istediğim önemli değil, insanların ne istediği önemli."

İyi İnsan Olmak Sahiden Nedir?

Artık uslusunuz ve bunun görülmesi gerekir. Bunun anlamı büyüdüğünüzde efendi olmak, ağırbaşlı olmak, herkesin sözünü dinlemek, herkese yardım etmek, her şeyi alttan almak, duygularınızı bastırmak, diğer insanların ne hissettiğine bakmak, gereksiz empatiler kurmak, sesinizi çıkaramamak, iyi insan olmaktır. Oysa iyi insan olmak başka bir şeydir. Böyle oldukça çevrenizdeki insanlar sizin için,

"Ne kadar iyi bir insan, ne kadar yardımsever... Her şeyi alttan alır, hiç kavga ettiğini görmedim," şeklinde konuşurlar. Böyle davranan kaç kişiyiz?

Çocukken sürekli olarak anne babanın verdiği bu duyguları ve "iyi insan böyle olur" düşüncesini büyüdüğünüzde diğer insanlar vermeye başlar. Ama bu insanlar onların işine yaradığınız için size böyle davranırlar, sizinle gerçek bir ilişki kurmazlar. Onların ihtiyacı budur ve bu noktada siz onlara iyi gelirsiniz. Gerçekte duygularınızla temas eden bir ilişki kurulmaz. Siz de kendi duygularınızı bastırıp dışarıdaki insanların istediği şekle dönüşürsünüz.

Peki, bu kez ne olur? Bu kadar uslu çocuk olmak düzen ister, bu tarz insanların beyni risk almak istemez. Yaramazlık yapamazlar, şımaramazlar, saçmalama hakları yoktur. Çünkü hayatta yaramazlık, şımarıklık, saçmalama, bazen utanılacak bazen eleştirilecek şeyler yapma hakkınız varken bunları yapmadığınızda artık içinizdeki o yaramaz, kendi olmaya çalışan çocuğa temas edemez hale gelirsiniz. Temas edemeyince iş hayatınızda, sosyal hayatınızda daha geri planda olmaya başlarsınız. Oturduğunuz yerden bir şeyleri başarmış, zengin olmuş, daha neşeli, daha eğlenceli, daha risk alabilen, daha cesur insanların hayatlarını izlersiniz. İzledikçe iç dünyanız karışır. Bir parçanız öyle olmak istese de süperegonuz bunu ayıp, günah, yanlış şeklinde değerlendirerek buna izin vermez. Hayatınızda daha büyük riskler almak istiyorsanız, maddi ve manevi olarak daha da büyümek istiyorsanız, risk alma ve yapabilme yeteneğinizi geliştirmeniz gerekir. Yaramazlıktan kasıt başkalarını kötü hissettirecek davranışlar değildir; yaramazlık demek bazen kural dışı hareket edebilmek, bazen politik olabilmek, bazen bir şeyleri saklayabilmek demektir. Alttan alıyorsanız bile, bilerek alttan almak, şımarmak, eğlenmek demektir. Size farklı gelen ortamlara girebilmek, hiç anlaşamadığınız insanların yanında olup onlarla ilişki kurabilmek, size kötü gelen, zor gelen ortamlarda kalabilmek demektir. Diyelim ki siz, kendinizden maddi ve manevi olarak daha güçlü insanların yanında kendinizi eksik hissediyorsunuz. Şimdi, yaramazlığını geliştiren bir çocuk gibi düşünün. Yaramaz bir çocuk, diğer arkadaşlarının zengin ya da fakir olduğuyla ilgilenmez. Oyununu oynar, dünyasını yaşar. O an vardır; anın içindedir o. Siz de büyüdüğünüzde o insanların yanında kötü ve değersiz hissediyorsunuz, dışlanma duygusuna giriyorsunuz demektir. Yaramazlık yaparak daha çok iletişim kurabilirsiniz ama uslu çocuk olduğunuz için susmayı tercih ediyorsunuz. Yanlış bir şey söylerim, yanlış anlarlar, diye düşünüyorsunuz. Oysa yaramazlığı geliştirip daha çok üstüne gideceksiniz, daha çok sohbet edeceksiniz. Sürekli bir düzen içindesiniz ama onların ortamlarına girebilmeniz gerekir.

Girişeceği işle ilgili yüzde yüz başarı potansiyeli olduğu halde, riske girmekten korkan, düşük ücretli maaşlara razı olan ve sürekli paradan yakınan kaç kişiyiz?

Gününüzün, saatinizin, uykunuzun belli olması, her şeyin sıradan ve aynı olması, bir süre sonra beyninizi bozar. Beynimiz sürekli yeni uyaranlar ister.

Arada bir konfor alanından çıkıp risk almalıyız, saçmalamalıyız, yeni şeyler denemeliyiz; korkuya, endişeye, kaygıya temas etmeliyiz.

Korku, endişe ve kaygı risk aldığımız dönemlerde daha çok ortaya çıkar. Uslu çocuk, karşı cinse açılırken bile, "Yanlış anlaşılır mıyım? Beni dışlar mı?" korkusuna girer. Neden? Çünkü çocukken ebeveyn hep bunu verdi. Ama biraz yaramazlığı geliştirmeli, "Önemli değil; ben istediğimi, duygularımı anlatırım. Yanına yaklaşırım, biraz sohbet ederim, espri yaparım. O bunu kabul eder ya da etmez," diyebilmeliyiz. Önemli olan bu cesareti gösterebilmemiz, o duyguya girebilmemizdir.

Uslu çocuklar büyüdüklerinde, "Şu kadar para yeter, bu ev yeter, bu çoluk çocuk yeter, düzen var aman risk almayayım, kimse üzülmesin," diye düşünürler. Ama böyle bir yaşamın faydası yok. Yeme, içme, bir düzen kurma, sabit bir ev, belli bir iş, belli bir gelir ve çocuk büyütme yaşamak değildir, bu hayattan çok azını istemek demektir. Beyninizin bir hayal gücü var. Çocukken birçok hayaliniz vardı. Siz bir yerlere tırmanırken oradan sizi anneniz, babanız indirdi, "Aşağı otur," dedi. "Çıkma oraya. Oraya çıkılır mı?" Orada oturacaksınız, orayı kirletmeyeceksiniz, dağıtmayacaksınız. Ama o yastıklar, yorganlar ya da tepesine çıkılan dolap olarak görülen, kirlenecek ya da kırılacak zannedilen nesneler aslında çocuğun beynindeki kariyerdir. Dünyayı gezmek, daha çok para kazanmak, risk almak, rakiplerinden daha çok öne çıkabilmek, kendi potansiyelini zorlayabilmek, güçlendirebilmektir. Ebeveyn bunu anlamaz. Onlar küçük çocuğun duvara tırmanmasını yaramazlık gibi algılar. Aslında duvarın çatlaması, boyasının gitmesi önemli değildir, çünkü yirmi sene sonra o çocuğa, "Gel şu duvarı çiz, ama yeter ki yanımda otur. Bir göreyim, sarılayım sana," denilecektir. Dolayısıyla o anları bir yaramazlık gibi değil, "çocuğum hangi duyguyu boşaltıyor" diye düşünmek lazım. Burada anne babalara şunu söylemem gerekiyor:

Çocuğunuz yaramazlık yapmıyor. Oyuncaklarını kırsa da, bütün dolapların, koltuğun, masanın üzerine çıksa da, eline kumandayı alıp fırlatsa da hatta camı kırsa bile, bu çocuk yaramazlık yapmıyor. Bu çocuk içindeki bir duyguyu boşaltıyor, bunu anlayın.

Sağlıklı bir anne baba, çocuğun bir şeyleri kırarak, bir yerleri dağıtarak, ağlayarak içindeki duyguyu boşalttığını görebilmelidir.

Çocukların içlerinde korku, endişe, kaygı, yalnızlık, sevilmeme, kötü bir şey olacak duygusu gibi duygular birikir ve bunlar dış dünyadan gelmez. Bu duygular onu kim doğurduysa, kim büyüttüyse ondan geçer. Çocuğun mizacı, yaradılışı böyle diye bir şey yok; bunu Tanrı belirlemiyor. Tanrı'nın bunun karakteri şöyle olsun, bu bipolar olsun, bu borderline olsun, bu narsist olsun, bu özgüvensiz olsun gibi bir yaklaşımı yok. Bu tamamen duygularımız ve beynimizle alakalı. Artık beynimiz keşfediliyor, bilim ilerliyor, yeni uzmanlıklar gelişiyor. Nesiller öncesinden kalan birçok travmanın duygularının beynimizde olduğunu görüyoruz. Ve birçok insan geçmişten getirdiği yetenekleri sırf anne babası ve yetiştiği yeryüzünden kullanamadan ölüp gidiyor. Kullanamadığınız her yetenek, psikolojik rahatsızlık olarak ileride size geri dönecek.

Çocukken müzisyen olmak isteyen ama geçinemezsin denilerek vazgeçmemiz istenen kaç kişiyiz?

Bundan dolayı daha çok risk alabilme, konfordan çıkabilme yeteneğimizi geliştirelim. Kendimizle dalga geçebilme, espri yapabilme yeteneğimizi geliştirelim. Neşeli olmalıyız. İşler, hayat bizi bazen zorlayabilir, bazen çıkmaza sokabilir, bazen vazgeçmenin eşiğine bile getirebilir. Ama olaylara verdiğimiz tepkiler çok önemlidir. Uslu çocuk olup, sessizliğe gömülüp üzülecek miyiz? Korkularla mı yaşayacağız? Yaramazlık yaparak, risk alarak, üzerine giderek o duygulara daha çok temas edebilecek miyiz? Beynimiz, şifalanmak için o duygulara temas etmelidir. O duygulara temas edebilmek için de uslu çocuk rolünden birazcık çıkmamız gerekir. Bunun için yapılması gereken şeyler var. Örneğin; bunlar konuşulsun, tartışılsın diye Youtube kanalımda "Çöz Beni" diye bir seri yaptım. O seriyi kitabıma da taşıdım. İster izleyin, isterseniz altını çizerek okuyun. Burada uslu çocuk olarak yetiştirilmiş insanları göreceksiniz. Onlarla neler konuşuyorum, şimdiki zamanda yaşadıkları duygularının geçmişteki türevlerini nasıl buluyorum, bulduktan sonra o kişiye nasıl telkinler veriyorum; onları okuyun, izleyin. Sonra kendi içinize dönüp, o duygulara temas edip oradaki uslu çocuğu görün. Anılarınıza gidin. Bunu üç ay boyunca, haftada bir iki gün yapın. Çocukken nasıl uslu hale getirildim? Nasıl zorla durduruldum, susturuldum? Çocuk olmama neden izin verilmedi? Yaramazlık yaptığımda bana ne yaptılar? Bir şeyi başardığımda ailem ve çevremdekiler buna nasıl karşılık verdi? Kardeşimle oynarken oyuncağımı kırdığımda, ödevimi yapmadığımda, geç uyandığımda, yemeğimi yemediğimde, tuvaletimi yapmadığımda ne yaptılar bana? Karşılığında ne geldi? Hangi duyguları verdiler? Yarım saatinizi vererek bu anıları hatırlayacaksınız. Bunu yaparken tabii ki anne babayı eleştirmek ya da suçlamak gibi bir duygunuz olmasın. Onlar da belli travmalara sahip insanlar, onları da anne babaları yetiştirdi. Bunu da unutmayın. Burada bir parantez açalım:

Çocukken anne babanız size nasıl davrandıysa, onların anne babaları da onlara aynı şekilde davrandı.

Onlar da ebeveyn olmayı kendi anne babalarından öğrendiler ve sizler dünyaya geldiğinizde onlara yapılmış ne varsa size aktarıldı. Buna aktarım deniyor, duyguları aktarıyoruz.

Yaşam, duyguları aktarmak üzerine kuruludur. İnsan, etten kemikten oluşan bir varlık ama beynimizin içinde taşıdığı bazı özellikler var. İçine tam giremediğimiz, yüzde yüz temizlenemeyen, bilinçdışı diye tanımladığımız bu alan temas etmekte zorlandığımız travmaları taşır ve sadece bizim çocukluktan itibaren getirdiklerimizi değil, üst nesillerimizin duygularını da toplar. Bunlar bizim beynimize anne baba aracılığıyla geçer. O nedenle çok çocuk sahibi olanlar, daha çok travması olan insanlardır. Bu, çocuk sevgisinden dolayı olmaz. Bir ailede çocuk sayısının artması, anne babanın travmalarının çok olduğunu gösterir. Neden çok sayıda çocuk dünyaya getirilir? Beş altı tane ya da yedi sekiz tane dünyaya geldiğinde, içimizdeki bütün kötü duyguları onlara paylaştırabiliriz. Kalabalık ailelere bakın. Bu, danışmanlıklarımda çok denk geldiğim bir durumdur. Yedi kardeşler diyelim. Seansa gelen kişiler genelde o hiç görülmeyen çocuklardır; arada kaynamış ortancalar, sona kalmış olan, anne babanın değil de abilerin ablaların büyüttüğü çocuklardır.

"Ben ortanca çocuğuyum ne büyük olabildim ne de küçük."
Böyle düşünen kaç kişiyiz?

Bu çocuklar anne babadan bakım alamazlar çünkü onlar çok yorgundur. İşler yoğun olduğu için ve çok fazla çocuk olduğu için genelde bir iki çocuk kendi kendine bir köşede büyür. Peki, anne baba neden bu şekilde çocuk sahibi olur? Mesele aslında annenin ya da babanın yorgun olması değildir. Annenin içinde yalnız bırakılma, dışlanma, sevilmeme duygusu vardır. Bu duygu ona kendi anne babasından geçer. O da çocuklarından bir tanesine bu duyguyu verir. Ona yaklaşmaz; çok işim var diyerek, ona her yaklaştığında çocuğu iterek, "Git sana abin baksın, ablan baksın," der. Daha sonra, "Bıktım artık!" diyerek çocuğun ihtiyacı olan iyi duyguları ona vermez. Çocuk orada yalnızlaşır. Anne, isterse bin tane çocuğu olsun, o çocuğun orada tek başına büyütüldüğünü, tek başına kaldığını, sevilmediğini, üzüldüğünü, içindeki o duyguyu görür ama bir şey yapamaz; çünkü ne yapacağını bilmez. O da kendisine yapılanı yapar ve içindeki yalnızlık duygusunu çocuğu yalnız bırakarak ona aktarır.

Dikiş Tutturamayanlar

Bir danışanım vardı. Uzunca testlerden sonra kendisine borderline teşhisi koymuşlardı. Kullandığı ilaçlara ve terapilere rağmen ilerleme kaydedemiyor ya çok dibe vuruyor ya da çok yüksekte yaşıyordu. Ya evden hiç çıkmıyor ya da günde birkaç farklı erkekle birlikte oluyordu. Beden ölçülerinden beklenmeyecek kadar fazla yiyordu. Çok neşeliyken etrafındakilere neşe saçıyor, bunalıma girdiğindeyse onun için her şey altüst olmuş gibi davranıyor, işinden istifa ediyor, hayatını dibe vurduracak türlü talihsiz kararlar alıyordu.

Annesi istemediği bir adamla evlendirilmiş. Adamı hiç ama hiç sevmemiş. Üç çocuk doğurmuş. Bana gelen ilk çocukmuş. Diğer oğlan ve kıza prens ve prenses gibi davranırken ilk çocuğa etmediğini bırakmamış. Kızın saçlarını kesiyormuş, sürekli dövüyormuş, onu sevmiyor ve aşağılıyormuş. Okuldan alıp hocaya vermek istemiş, eski kıyafetlerden başka bir şey giymesine asla müsaade etmemiş.

Danışanım her şeye rağmen üniversite okumuş, iş hayatına başlamış ama gelin görün ki bir türlü toparlayamamıştı. Duygular bir ileri on geri şekilde ilerliyordu. Okuduğu okulun mesleğini yapmamıştı. Onu kendini ifade edebileceği ve enerjisini aktarabileceği bir işe yönlendirdim. Pilates hocası oldu. O zamana kadar bir aydan fazla bir ilişkisi olmuyordu. Şimdi söylediğine göre iyi giden bir ilişkisi de var; aynı evde yaşıyorlar.

Ebeveynler duyguları aktarırlar. Çok çocuk demek çok fazla travma demektir. Toplum geliştikçe çocuk sayısı azalır; ideal olan sayıya, bire ya da ikiye iner. Tek çocuk olduğunda da ebeveyn, ona kardeş ya da arkadaş gerektiğini düşünür. Aslında bu, çocuğun yalnızlığı değil onların yalnızlığıdır.

Eğer anne babanın iç dünyasında yalnızlık duygusu çok yoksa, kendine yetebilen, kendini geliştirebilen, kendine temas edebilen, iyi ruh haline sahip insanlarsa, çocuk tek de olsa yalnızlık çekmez.

Ama annenin babanın beyni bozuksa, ruh sağlığı yerinde değilse, travmaları varsa, tek çocuk olduğunda hep şu düşünülür: "Buna bir kardeş lazım, bu üzülecek, yalnız kalacak." Hayır, bu sizin yalnızlığınız. Siz bunu halletseydiniz, çocuğa o gözle bakmazdınız. Kuracağınız ilişki bambaşka olurdu, zaten çocuk da buna ihtiyaç duymazdı.

Ebeveynler travmaları bu şekilde bize verir, bizi uslu hale getirirler. Bundan elli sene, yüz sene öncesini üst nesillerinizden, büyüklerinizden duymuşsunuzdur. İyi, efendi bir insan olmak, hanım hanımcık olmak, beyefendi olmak, sesini çıkarmamak önemlidir. Örneğin, anne çocuğunu elinden tutup altın günlerine götürür. Çocuk orada koltuğa oturur, iki üç saat sesini çıkarmaz. Kırk tane kadın, o anne için şunu der: "Ne evlat yetiştirmiş!" Ama bu evlat geleceğin en psikolojik problemli insanı olacak. Sizin çıkarınız için çocuğun uslu olması iyi bir şey olsa da, onun menfaati ve çıkarı için bu büyük bir travma, büyük bir tehlikedir. Kimse duruma çocuk açısından bakmaz.

Öğretmen kızar diye parmak kaldırmayan kaç kişiyiz?

Yine annenin okulda öğretmenden benzer şeyler duyması da buna örnektir: "Oğlunuzun hiç sesi çıkmıyor. Ne kadar efendi, ne kadar saygılı." Aslında çocuk saygılı ya da efendi olduğu için değil, korktuğu için sesini çıkaramaz. Soruya yanlış cevap verme endişesiyle, rezil olur muyum ya da öğretmen kızar mı, onu üzer miyim, arkadaşımı üzer miyim kaygısıyla susar.

"Dedem için üzülüyorum," diyor. Üç yaşındaki bir çocuk dede için bu kadar üzülemez. "Ay ne duygusal..." Hayır! Dedenin duygusunu ona anne baba vermiş, çocuk onların duygusunu yaşıyor. Çocukluğunda böyle acı çeken kaç kişiyiz?

Dokuz on yaşına kadar olan çocukların evin içindeki bütün oyunlarına bakın. İyi bir terapist, terapide onları yakalar. Çocuk hangi eşyalarla oynuyor, onları neye dönüştürüyor? Eşyalarla arasındaki ilişki nedir? Terapist, çocuğun oynadığı nesnelere ve onların arasında kurduğu ilişkiye bakıp hangi duyguları, ne şekilde verdiğini gözlemlemelidir. İçinde hangi duygular olduğunu anne babanın da iyi okuması gerekir. Kusura bakmayın ama cahillik, tercih edilen olmaya başladı. Herkesin evinde bir kütüphane var, kimse bu konuda cahil kalamaz. Bu, elinizdeki telefonu nasıl kullandığınızla alakalı; o telefon sizin için kötü duygudan kaçacak bir uyuşturucu da olabilir, bir kütüphane de olabilir.

Psikolojiyi, çocuk gelişimini, insanı, felsefeyi, kişisel gelişimi bilmiyorum deme hakkımız yok.

Elinizdeki telefonu hangi duyguyla, hangi amaçla kullandığınıza bakacaksınız. Artık dijitalde binlerce uzman var ve onları sürekli izleyip takip edebiliyorsunuz. Kitaplar var; hatta fiziken almanıza da gerek yok, sesli kitaplardan ya da e-kitaplardan yararlanabilirsiniz. Aranızda benim gibi kitaba dokunmak, kâğıdın kokusunu hissetmek isteyenler varsa bütün yayınevleri, kitapçılar kitap dolu. "Öğrenemiyorum" diye bir şey yok, "öğrenmek istemiyorum" diye bir şey var. Bunun sebebi de tartışılır; travmatik olabilirsiniz, başka sorunlarınız olabilir. Eskiden anne babalarımıza bir şey söylediğimizde, "Bizim zamanımızda yoktu oğlum/kızım, biz görmedik bunları," diyorlardı. Ama beş on yıl sonra yeni anne babalar çocuklarına böyle bir cevap veremeyecek. Her şeyi görüyorsunuz, her şeyi biliyorsunuz, her şey sizin elinizde. Herhangi bir şey yapmıyorsanız, bu sizinle ilgili bir durum oluyor.

Bir yandan da bu çocuklar büyüyor. Uslu yetiştirdiğiniz, özgüvensiz, sesini çıkaramayan, hakkını arayamayan çocuğun elinde artık bir telefon var. O telefonu her açtığında, sosyal medyaya her girdiğinde, yaramazlık yapan, neşeyle eğlenen, onun "utanırım, yapamam" dediği davranışları çıkıp çatır çatır yapan, insanlara taklitler yapabilen, kendisini gösteren, görünür olmaktan korkmayan, bazı konularla dalga geçebilen, kendisiyle dalga geçen çocukları görüyor. Onlardan etkilenmeyecek mi, rahatsız olmayacak mı? Onlara özenmeyecek mi?

Çocuğunuzun kendisi olmasına izin vermek zorundasınız.
Onu mülkiyet arzusuyla sevemezsiniz, yetiştiremezsiniz.

Siz sadece bir bireyin yaşamına eşlik ediyorsunuz. Bu eşlikte iyi veya kötü anne baba olmakla ilgilenmeyin.

Çocuğunuzun iyi, çalışkan, cesur, yeni şeyleri öğrenmeye meraklı, ruh sağlığı yerinde bir insan olmasını, kendini geliştirmesini, duygularını regüle edebilmesini istiyorsanız onu doktora götürmek yerine kendinizi psikoloğa götüreceksiniz ya da kendinizi kişisel gelişim alanında geliştireceksiniz. Bunu yapmak zorundasınız.

Bu sadece Türkiye için değil, Avrupa için de, tüm dünyadaki insanlar için de geçerlidir. Biliyorsunuz, uzun yıllardır Avrupa'da da çalışıyorum. Anne babalar Avrupa'nın pek çok ülkesinden bana ulaşıp çocuklarında bazı problemler olduğunu iletiyorlar. Çocuk dikkat dağınıklığı yaşıyordur, çok yaramazdır, yemek yemez, çok mutsuzdur, çok ağlıyordur. Anne baba çocuğu alır, doktor doktor gezdirir. Psikoloğa ve pedagoga götürür. Ama bu, çocuktan kaynaklanan bir durum değildir. Örneğin, çocuğunuz okulda bir olay yaşadı diyelim. Arkadaşıyla kavga etti ve sizi okuldan aradılar. Çocuğunuzun yaramazlık yaptığını, çok hiperaktif olduğunu, yerinde duramadığını söylediler. Siz de bunun üzerine çocuğunuzu alıp psikoloğa götürdünüz. Ama çocuk iyileşemez. Onun hiperaktif olmasının, yaramaz olmasının, arkadaşına vurmasının sebebi sizsiniz. Bunun nedeni sizin ve eşinizin beynindekilerdir.

Yok Öyle Yağma

Diyelim ki karıkoca arasında hem görünen hem de görünmeyen problemler var. Anne baba aslında birbirine saldırmak istiyor. Küfrediyorlar, hakaret ediyorlar, tartışıyorlar ama fiziksel bir temas yok. Babanın içinde bir duygu var, "Kes sesini! Bak, elimden bir kaza çıkacak, sus artık," diyor. Bu durum çocuğun yanında yaşanıyor, sonuçta baba kimseye vurmuyor ama babanın içindeki şiddet uygulama duygusu çocuğun beynine geçiyor. Evde her gün gerginlik, stres var. Çocuk olaylar karşısında nasıl tepki vereceğini annesinin ve babasının beynini kopyalayarak öğrenir. Diyelim ki baba sabah kalktığında pantolonunu ütüsüz buldu ya da kahvaltıda istediği bir şey yok veya evde istemediği bir durumla karşılaştı. Bir anda sinirlendi, bağırıp çağırmaya başladı. Çocuk da okula gittiğinde, istemediği bir şeyle karşılaşınca aynı babası gibi davranacak. Baba kendini değiştirmesin, anne kendini değiştirmesin, ama biz çocuğu psikoloğa götürelim. Çocuğa da "hiperaktif" diye bir sıfat takalım, bir kimlik verelim. Yok öyle yağma.

Çoğu uzman, terapi bilmediği için anne babayla uğraşmak yerine çocukla vakit geçiriyor. Ebeveyn de, "Uzmana götürüyorum çocuğumu, anne babalık yapıyorum," diyerek tatmin oluyor. Bu, anne babalık değil.

Gerçek anne babalık yapabilmeniz için, anne baba kimliğini taşıyan kendi benliğinize temas etmeniz, kendi iç dünyanızı onarmanız gerekir.

Peki, yine diyelim ki çocuğunuzla ilgili sorunlar yaşıyorsunuz, bir terapiste gittiniz. Mesela bana geldiniz, ben dedim ki size: "Çocuğunuzu rahat bırakın artık, ona karışmayın."

"Odasını toplamıyor," dediniz, ben de "Bırakın dağınık kalsın," dedim.

"Ona bıraksam çok dağınık kalır,"

"Bırakın, çok dağınık kalsın."

"Ama üç dört gün sürer öyle..."

"Kalsın."

"Kokmaya başlar o zaman."

"Koksun."

"Bir şeyler çürür."

"Çürüsün."

Daha bunlar olmadan ebeveyn refleksler geliştirmiş. Sürekli uyarıyor, sürekli uyarıyor. Oda o çocuğun alanı, karışamazsınız. Ebeveynin beyni buna dayanamıyor. Çocuk, odasının dağınıklığından rahatsız olmadığı sürece kendisini geliştirmeyecek. Anne baba sürekli o odaya girip çıkınca, sürekli bilgisayara karışınca, yatağına, kıyafetine karışınca çocuk şöyle düşünüyor: "Allah Allah, bu pantolon benim değil, bu oda benim değil. Bu bilgisayar benim değil. Ne zaman bunlarla ilgili bir şey yapsam uyarı alıyorum." Gençleri görüyorsunuz. Anne baba telefon almış çocuğuna, her akşam çocuğun beynini yiyor. Anne kıyafet almış ama sürekli, "Onu giy, bunu giyme," diyor. Bu durumda çocuk artık özerklik istiyor ve düşüncesi şu oluyor: "En kısa zamanda parayı bulduğumda bu evden gideceğim. Kendi hayatımı yaşayacağım." Siz ona aldığınız kazakla işkence ederseniz, verdiğiniz telefonla ilgili, gönderdiğiniz okulla ilgili, yedirdiğiniz yemekle ilgili işkence ederseniz, çocuk en kısa zamanda, fırsatını bulduğu anda sizden kaçıp uzaklaşacak. Çünkü ona Tanrı'ymış gibi davranıyor, "Ben senin sahibinim," diyorsunuz.

Sürekli odanı topla, dedikleri için odasından nefret eden, inatla toplamayan, bu lafa gıcık olan kaç kişiyiz?

Kendi geçmişinizi çocuklarınızda düzeltemezsiniz. Kendinizi çalışacaksınız. Bu, genellikle birçok anne babanın işine gelmeyecektir; genelde de öyle olur. Çünkü ne yazık ki beynimiz şöyle çalışır: Biz her zaman bir iyi, bir kötü bulmak zorundayız. Dışarıda bir kötü bulursak kendimizi iyi hissederiz. Psikoloğu kötüleyebilirsiniz, okuduğunuz kitabı, öğretmeninizi kötüleyebilirsiniz, üst komşuyu, komşunun çocuğunu kötüleyebilirsiniz. O zaman iyi hissedeceksiniz. Bu, en büyük problemdir. Ruh sağlığı bozuk insanlarda çok olur, uzak durmanızı öneririm. Sürekli başkalarını kötüleyen, eleştiren insanlar, bunu kendilerini iyi hissetmek için yaparlar. Sebep olarak ileri sürdükleri şey aslında kendilerinde vardır. Kendilerindeki o şeye temas etmemek için dışarıdan bir kötü bulup kendilerini iyi hissederler. Çoğu ebeveyn çocuk ilişkisi de böyledir. Sağlıksız ebeveynin ruh halinde de bunu görmek mümkündür. Çocuğa bağırır, "Salak, geri zekâlı, aptal, tembel, terbiyesiz... Seni doğuracağıma... Sen nasıl bizim evladımız oldun bilmiyorum. Hiçbir şeyle yetinmeyi bilmiyorsun, rezil!" şeklinde konuşur. İnanabiliyor musunuz, kötüyü buldu.

Bir ebeveyn çocuğuna sürekli salak diyorsa aslında kendini salak hissediyordur, ama ona bunu söyleyerek kendini rahatlatıyordur.

Bir de çocuğa, "Kitap oku, kitap oku!" deyip, okumayınca da bağırıp çağırırlar ama annenin babanın elinde kitap yoktur. Sorduğunuzda, "Biz okuyamadık," cevabını alırsınız. Geçin bu sağlıksız cümleleri. Aslında her gün kitap okumaya vaktiniz var, hiç kusura bakmayın. Tüm anne babalara söylüyorum: Her akşam üç saat dizi izliyorsunuz, iki saat telefonda zaman geçiriyorsunuz ya da dışarıda boş boş işlerin peşinden koşuyorsunuz. Günde yarım saat ya da on sayfa kitap okumaya vaktiniz yok mu? Kimse bana yok demesin. Herkesin vakti var ama insanların çoğu havucu hemen alamayacağı için, ödülü hemen istediği için ilgilenmiyor. Her gün bir kitap oku, hesabına 1000 TL yatacak dense, ülkenin seksen milyonu o kitabı okur; çünkü hemen havuç var, ödül var. Ama yeni bir şeyler öğren, konforundan çık, bir süre sonra zihninde değişimler olmaya başlayacak ve kendini iyi hissedeceksin, ruh sağlığın düzelecek denilse, bunu on kişiden üçü ya da ikisi yapar. Yaptığını karşıdan hemen almak isteyenler bu hayatta en zor yaşayan insanlardır. Bu insanların bahaneleri, şikâyetleri çok fazla olur.

O yüzden iyi şeyler zamanla gelir, kötü şeyler hemen olur. Beynimiz de böyle çalışır; çabucak kötü hissederiz, yavaş sakinleşiriz. Çabuk üzülür, yavaş toparlarız.

Yaramazlık İçin Acele de Etmeyin

Uslu çocuktan yaramaz çocuğa geçiş için de tüm okurlarıma aynı şeyi söyleyeceğim: Acele etmeyin. Uzun yıllardır sosyal medyada ya da kitapçı raflarında gördüğünüz iki adımda mutluluk, üç adımda başarı, erkeğe şunu yaparsan ilişki şöyle düzelir, kadına bunu yaparsan mutluluk şöyle gelir gibi söylemler büyük birer yalandır. Yirmi altı ülkede çalıştım, birçok uzmanı tanıyorum ve insanların neyi neden yaptığını da görebiliyorum. Bu sadece bizim alanda değil, her meslekte var. Kasapta da var, avukatta da var, güzellik uzmanında da var, fitness hocasında da var, gazetecisinde de var, siyasetçisinde de var. Kandırılmayın; aklınızı kullanmak zorundasınız. Hiçbir şey iki teknikle, üç adımla geçmiyor. Bu, kolaya kaçmaktır; kolaycılığı bırakacağız. Beyin tekrarla gelişir; bu tekrar beyin için önemlidir. Nasıl ki her gün aynı şeyi yapıp, aynı duyguda kalıp bir türlü aynılıktan çıkamadığınız için üç ayda bir depresyona giriyorsanız, yeni bir şeyi denerken de sürekli denemiş olmanız gerekir. Böylece beyniniz bunun karşılığını verebilir.

Nasıl uslu bir çocuk oldunuz? Sizi susan, duygularını konuşamayıp içine atan, için için korkan, endişeli hale nasıl getirdiler?

Bunlarla ilgili anılarınıza bakmanızı öneriyorum. Her çocuk travmalı, hepimiz travmalıyız. Travmasız insan yok; amacımız travmasız olmak da değil. Yaşamda kalmak zorunda olduğumuzdan travmaların bir kısmı beynimiz için gereklidir. Kendinizi tamamlayabilmek için korkuya, endişeye, çaresizliğe, belirsizliğe, yalnızlığa temas etmelisiniz. Sonuçta hayat o kadar rahat tuzağında yaşanacak bir yer değil. Biz burada fazla olan travmalara, bize geçirilen travmalara bakacağız. Genellikle çoğumuz bize ait olmayan travmaları taşırız; onlara da temas edeceğiz. Merak etmeyin, nasıl bu hale dönüştüğünüze dair anılar aklınıza gelecek. O anıları YouTube kanalında anlattığım şekliyle çalışmanızı öneriyorum. Buraya QR kodunu da bırakıyorum.

Anıda kalın. O anıdaki çocuk –yani kendiniz– kaç yaşında, onu düşünün. Bu olayı nerede yaşadınız? Yanınızda kim var? Anne veya baba mı, dayı mı, teyze mi, kardeş mi, öğretmen mi? Size ne yapıyor? O da susturup sizi bastırıyor mu? Size hangi duyguyu veriyor? Çocuk orada hangi duyguyu hissediyor? Bütün bunları teker teker yaşayın. Anılara gidip tekrar o anların duygularını yaşamak, o duyguları boşaltmak demektir. Eğer yıllardır anılarınızı hatırlayıp üzülüyorsanız bu tehlikelidir. Bunu eskiden anne babalarımız yapardı. Hatırlayın, ebeveynleriniz bir köşeye oturur, üzülür, ağlar, sinirlenirdi. Bu, anıları, geçmişleri gözlerinin önüne geliyor demektir. Kendine üzülme durumu, tedavi edici bir üzülme değildir. Evet, bir parça iyi gelse de bütünüyle iyi gelmez. Siz bunu bilinçli, farkında olarak yapacaksınız. Terapist sizsiniz, öyle düşünün. Haftada bir gün belirleyip, o gün geçmiş anılarınıza gidip onları çalışacaksınız. Bunun için tek başınıza bir konfor alanı belirleyin. Anılarınıza döndüğünüzde bir parçanızın da yukarıdan sizi izlediğini düşünün. Kendinizi izliyorsunuz. Orada ne yapıyorsunuz? O anların duygularını yaşayın.

GÜLMELERİN ALTINDA ÜZÜNTÜ VARDIR

Bakalım Tuğçe'nin hikâyesi bize neler anlatacak, hangi farkındalıkları sağlayacak. Bu bölümde belirsizlik, kendini küçümseme, çaresizlik duygu farkındalığı, görünürlük korkusu, kederle yüzleşme, özbakım gibi konulara temas edeceğiz.

A.K.: Hoş geldin.
+ Hoş bulduk.
A.K.: İsmin nedir?
+ Tuğçe.
A.K.: Nasılsın?
+ İçim çok hareketli şu anda.
A.K.: Heyecan mı var? Tarif eder misin?
+ Biraz kalbim çarpıyor, nefesim de sanki problemli gibi, hızlanıyor.
A.K.: Hızlanma var, bir heyecan var gibi.
+ Evet.
A.K.: Şimdi biraz düşün, seni heyecanlandıran ne?
+ Beni heyecanlandıran görünür olmak.

A.K.: Görünür olmak… Birilerinin seni izleyecek olması sana nasıl bir duygu veriyor?

\+ Bir parçam merak ediyor. Bir parçam da korkuyor.

A.K.: Bir yerde bir korku var. Bir parçan merak ediyor çünkü bir yanın görünür olmak da ister. Çok normal bu.

\+ Evet.

A.K.: Özel hayatımızda, sosyal hayatımızda, yaptığımız işte bazen iki kişinin, bazen on kişinin önünde görünür oluruz. Bir yerde sunum yaparsın ya da işini büyütürsün, o zaman görünür olursun. Bu da heyecanlandırıyor.

\+ Heyecanlandırıyor hepsi, tabii ki.

A.K.: Şu an içinde olan duygu heyecan mı?

\+ Evet, heyecan.

A.K.: Bir daha bak duyguna…

\+ Belirsizlik var.

A.K.: Tamam, bizi heyecanlandıran şey belirsizlik. Hayatta bunu nasıl yaşarsın?

\+ Genellikle bir şeye karar verdiğim zaman, o süreç içerisinde bu yapacağım şey bana ne sağlayacak, bana nasıl katkısı olacak, yapabilecek miyim, yapamayacak mıyım gibi korkularım oluyor. Bunlar da belirsiz kaldığı için, hep eyleme geçemeden bir şekilde bitiyor zaten. Her şey yarım kalıyor.

A.K.: Hayatında en çok belirsizlik duygusunda kalıyorsun. Eyleme geçemiyorsun, sürekli o duyguyu yaşıyorsun.

\+ Evet öyle, hep net bir şey olması lazım.

A.K.: Belirsizlik seni biraz heyecanlandırıyor, aynı zamanda geriyor da.

\+ Oldukça geriyor.

A.K.: Bu duygunun içinde aynı zamanda çaresizlik vardır; yetersizlik, değersizlik, sevgisizlik, hiç bilmediğimiz ya da en çok zorlandığımız duygular vardır. Bazen sanki kötü bir girdabın içine sokacakmış gibi hissettirir.

+ Bana en çok çaresizlik gibi geliyor.

A.K.: Çaresizlik, ne yapacağını bilemiyorsun... Beş yıl içinde olmak istediğin Tuğçe'yi düşün desem, birçok hedefin vardır belki ama bir tanesini, aklına ilk geleni paylaşır mısın?

+ Psikolog ya da yazar olmak isterdim.

A.K.: Tamam, hedefini tahtaya yazar mısın?

+ Yazar mı? Psikolog mu? İkisi bir arada mı?

A.K.: İkisi de olur. Yazar da olur psikolog da. (Tahtaya yazar.) İsimsiz bıraktın yalnız.

+ İsimsiz mi?

A.K.: Yazar, psikolog kim? Ayşe mi, Tülin mi, kim?

+ Yazım da çok kötüdür.

A.K.: Hemen kendine bir küçümseme de atıyorsun.

+ İlla ki atarım.

A.K.: Yazar olacağım ama yazım da kötüdür. Bir hayalin var ve hemen bir küçümseme geldi. Kendimize espri olarak yaptığımız şeyler genelde bilinçdışımızdan gelir. Bu, aslında orada olan bir duygudur. Şimdi kendine küçümseme attın. Gerilince de gülüyorsun.

+ İlla ki.

A.K.: O galiba biraz iyi geliyor.

+ Evet, iyi geliyor.

A.K.: Çok gülmelerin altında üzüntü vardır.

\+ Epeyce var.

A.K.: İnsan en derinde bir şeye üzülür. Şimdi senden bir şey isteyeceğim, çocukluğunda kendini çok çaresiz ve belirsiz hissettiğin bir anıya gideceksin.

\+ Çaresiz ve belirsiz… İlk duygum şu oluyor: Babam gelecek mi gelmeyecek mi? En çok belirsiz olduğum durum buydu.

A.K.: Baba evde değil.

\+ Evet, sürekli işinden dolayı öyle.

A.K.: Yoğun çalıştığı için hep dışarıda mıydı?

\+ Hep bir bekleme vardı. Gelecek mi gelmeyecek mi? Belirsizlik…

A.K: Evli misin bekâr mısın?

\+ Evliyim.

A.K: Bunu kocanla nasıl yaşıyorsun?

\+ Dışarı çıktığı zaman ister istemez onunla da aynısını yaşıyorum. Bir saat geçince aklıma geliyor. Ne yapıyor acaba diye düşünüyorum.

A.K.: Kaygılanıyor musun?

\+ Kaygı geliyor aklıma, evet.

A.K.: Ne olabilir? Endişen ne oluyor mesela, en kötü senaryo ne olabilir?

\+ Kaza olabilir, trafik kazası yapmış olabilir diye düşünüyorum.

A.K.: Kaza geçirmiş olabilir, ölebilir, öldürülebilir.

\+ Öldürülebilir, başını belaya sokabilir.

A.K.: Hatırladığın bu anıda kaç yaşındaydın?

\+ Bu durum dokuz yaşından ergenliğime kadar devam etti.

A.K.: Tamam. Gözlerini kapa, şimdi tekrar o anıyı hatırlayacaksın. Nerede o çocuk?

\+ Evin salonunda bekliyorum sürekli.

A.K.: Bekliyorsun…

\+ Benim babam asker. Hep şehit olacak mı olmayacak mı diye endişeleniyorum. Sürekli onu bekliyorum, kafamda sürekli ölecek mi ölmeyecek mi düşüncesi var. Tek başıma oturup bekliyorum.

A.K.: Kapa gözünü, orada dur. İki ihtimal var. Ölecek mi? Ölmeyecek mi? Arası yok.

\+ Ya siyah ya beyaz.

A.K.: Ya siyah ya beyaz, orada dur. Çocuğun etrafında kim var?

\+ Annem var, kardeşim var.

A.K: Annen nerede şu an, onu bul.

\+ Ayakta, geziniyor.

A.K.: Tamam, dolanıyor.

\+ Evet, dolanıyor sürekli.

A.K.: Çocuk anneye baksın. Annenin duyguları ne?

\+ Çok endişeli. Bekliyor.

A.K.: Anne ev hanımı mı?

\+ Evet, ev hanımı, sürekli de ortalıkta dolaşıyor.

A.K: Hareketli…

\+ Evet, ben de bekliyorum; bir şey oldu zannediyorum.

A.K.: Şimdi birkaç saniye gözünü aç ve dur öyle.

\+ Tamam.

A.K.: Annen gibisin sürekli. Tamam, o çocuğa şunları söyle şimdi: Baban evde değil, annen çok endişeli.

\+ Baban evde değil, annen çok endişeli.

A.K.: Sen evin içindesin. Annenin endişeleri sana geçiyor. Seni o an kimse rahatlatmıyor.

\+ Sen evin içindesin. Annenin endişeleri sana geçiyor. Seni o an kimse rahatlatmıyor.

A.K.: Babanı kocan zannediyorsun. Bir parçan da baban zannediyor.

\+ Babanı kocan zannediyorsun. Bir parçan da baban zannediyor.

A.K.: Büyüdüğünde babanın türevi ile evleneceksin.

\+ Büyüdüğünde babanın türevi ile evleneceksin.

A.K.: Şimdi açabilirsin gözlerini. Nasılsın şu an?

\+ Biraz daha rahatladım.

A.K.: Seni rahatlatan ne oldu?

\+ Sakinleşmek, kendimi sakinleştirebilmek.

A.K.: Sakinleşmek… Çocuğa da orada söylediğin bir şey var. Bir bilgi veriyorsun çocuğa.

\+ Evet.

A.K.: O bilgi iyi geliyor.

\+ Belirsizlik ortadan kalkıyor.

Duyguları Fark Etmek: Diyaloğun bu bölümüne kadar Tuğçe'nin heyecan ve belirsizlik duygusunun baskın olduğunu gördük. Duygularını fark edip üzerinde çalıştığında onları anlaması ve tanımlaması daha kolay olacaktır.

► **Öneri:**

Duygularınızı fark etmek ve ifade edebilmek için bilinçli bir farkındalık geliştirmelisiniz. Size önerim, bunun için kendinizi anlık olarak takip etmeniz. Zihninizi düşüncelerden uzaklaştırın ve duygusal tepkilerinize odaklanın. Ne hissettiğinizi fark etmek için kendinize zaman ayırın.

Duygu Etiketi: Ağlıyorsunuz ama hissiniz ne? Öfkelisiniz ama asıl duygunuz ne? Heyecanlısınız ama esas duygu ne?

► **Öneri:**

Duygularınızı net olarak tanımlamak için uygun kelimeleri seçmeye ne dersiniz? Duygularınız birer etiket olsaydı, o an üzerinize hangisi yapışmış olurdu? Endişeli, mutlu, üzgün, öfkeli, şaşkın? Duygunuzu seçin ve etiketleyin.

Görünürlük Korkusu: Görünür olma korkusunun ardında bir çok etken saklı olabilir. Özgüven eksikliği, utangaçlık, travmalar, düşük benlik değeri, mükemmeliyetçilik gibi.

▶ **Öneri:**

Kendinizi olduğu gibi kabul edin ve kusurlarınızı sevin. Mükemmeliyetçilikten uzaklaşın. Özgüveninizi geliştirin, bunun için kendinize başarılarınızı hatırlatın. Yeteneklerinizi keşfedin. Sosyal becerilerinizi geliştirin. Sosyal ortamlarda bulunmak, görünürlük korkusunun azalmasına yardımcı olur. Kendinizi eleştirmeye bir son verin, kendinizle ilgili olumsuz düşüncelerden uzak durun.

Kederle Yüzleşmek: Tuğçe gülerek hangi duygularını bastırıyor olabilir? Bir insan gülerken aynı zamanda gergin ve üzgün olabilir mi? Korkuyor olabilir mi?

▶ **Öneri:**

Dayanışma ruhu önemlidir. Duygularınız konusunda da dayanışma yoluna gidin. Bir kadın arkadaşım bir haftalık annelik serüveninin ardından bana şöyle demişti: "Kendimi bir hafta boyunca dünyadaki tek anne benmişim gibi hissettim. Ta ki bir annelik sitesinde yeni anneler ve problemlerini görene dek." Yaşadığınız gerçek duyguda tek başınıza değilsiniz. Sizin gibi binlerce insan var. Bu duygunuzdan kaçmanıza, onu yok saymanıza gerek yok. Üzüntü, keder en az mutluluk kadar kıymetli.

"Kardeşime Annelik Yapıyorum"

A.K.: Kendine söyle şimdi: Bu duygu bana ait değil, bunlar annemin travmaları.

\+ Bu duygu bana ait değil, bunlar annemin travmaları.

A.K.: Beynim sürekli annemle babamı düşünüyordu. Kendimi düşünemiyordum.

\+ Beynim sürekli annemle babamı düşünüyordu. Kendimi düşünemiyordum.

A.K.: Kötü bir şey olacak mı olmayacak mı diye sürekli onları analiz ediyorum.

\+ Kötü bir şey olacak mı olmayacak mı diye sürekli onları analiz ediyorum.

A.K.: Tabii insan analizde iyi olunca büyüdüğünde psikolog olmak istiyor.

\+ Evet, beynim sürekli öyle çalışır.

A.K.: Sürekli analiz yapar.

\+ Kim siyah kim beyaz...

A.K.: Onu da söyle kendine: Beynim sürekli dost, düşman buluyor. Arası yok.

\+ Beynim sürekli dost, düşman buluyor. Arası yok.

A.K.: Ya iyi ya kötü. Ya siyah ya beyaz.

\+ Ya iyi ya kötü. Ya siyah ya beyaz.

A.K.: Eşim varken iyiyim. Yokken yok oluyorum.

\+ Eşim varken iyiyim. Yokken yok oluyorum.

A.K.: Bu annemin duygusuydu. Babam evde olduğunda annem kendini var hissediyordu.

+ Bu annemin duygusuydu. Babam evde olduğunda annem kendimi var hissediyordu. Kendini…

A.K.: Kendi bile kendini karıştırmış. Biliyorsun bu dil sürçmeleri de bilinçdışından gelir.

+ Evet.

A.K.: Tamam onu da söyle: Yaşım ilerledikçe anneme dönüşüyorum.

+ Yaşım ilerledikçe anneme dönüşüyorum.

A.K.: Of, uzun işler bunlar.

+ Evet.

A.K.: Üzüldüğün yerde gülüyorsun. Bunu fark ettin mi?

+ Farkındayım. Birçok duygumda gülerim hep.

A.K.: Çocukken bu nasıl oluyordu? Evde gergin, üzüntülü anlar olduğunda çocuk ne yapıyor da gülüyor? Bir şeyler çocuğu çok fazla güldürüyor.

+ Kardeşim vardı. Strese girdiğim anda sürekli kardeşimle oyun oynamaya giderdim. Orada çok gülüyordum, onu da güldürüyordum.

A.K.: Onu sürekli güldürüyordun.

+ Evet, sürekli güldürüyordum onu.

A.K.: Onu da söyle: Annemle gülemiyordum. Kardeşimle gülüyordum.

+ Annemle gülemiyordum. Kardeşimle gülüyordum.

A.K.: Ona annelik yapıyordum.

+ Ona annelik yapıyordum.

(Danışan güler.)

A.K.: Yine gülme geldi.

+ Evet.

A.K: Farkında olmadan evde hem çocuksun hem de annelik yapıyorsun.

+ Evet, küçükken hep komiklik yapardım, taklit yapardım. Herkes gülsün isterdim. Ev halkını, akrabalarımı güldürürdüm.

A.K.: Çocuk o iyi duyguyu istiyor. Onu alamadığı için şakalaşıyor.

+ Sürekli şakalaşırdım.

A.K.: Çocuk sorulara sessiz kalıyor.

+ Evet. Kendime dönüyorum.

A.K.: Kendine dönüyorsun.

+ Evet, yalnız kalınca…

A.K.: (Öne doğru eğilir, kollarıyla bacaklarını sarar.) Şöyle duruyorsun herhalde.

+ Herkes evden gittiği zaman çok üzülürdüm. Onlar kapıdan çıkarken içim giderdi.

A.K.: Nasıl oluyordu?

+ (Danışan da öne doğru eğilip kollarıyla bacaklarını sarar.) Şu şekilde…

A.K.: Tamam, tekrar o yalnız çocuk ol. Nerede o çocuk şu an?

+ Evde tek başına oturuyor.

A.K.: Kaç yaşındasın?

+ Yedi, sekiz gibi.

A.K.: Evdekiler nerede?

+ Kardeşim küçük, babam yok. Annem de yemek yapıyor.

A.K.: Tek başına duruyorsun.

+ Babamın işinden dolayı başka bir şehirde oturduğumuz için akraba da yoktu zaten.

A.K.: Yalnızsın.

+ Yalnızdık, evet.

A.K.: Çocuğun ne olacağı belirsiz.

+ Evet.

A.K.: Her şeyin belirsiz. Onun için her şey belirsiz.

+ Her şey belirsiz, sürekli bir sonuç bekliyorum sanki.

A.K.: Çocuğun duygusuna bak şimdi, en derin duygusu nedir?

+ Çok üzgün hissediyorum. Kırık dökük gibi.

A.K.: Yalnız ve üzgün.

+ Evet, yalnız ve üzgün.

A.K.: En dipteki duygu bu mu?

+ Evet.

A.K.: Kapa gözlerini, yalnız kalmış o çocuğa söyle: Kendine dokunuyorsun. Kendinden iyi duygu alıyorsun.

+ Kendine dokunuyorsun. Kendinden iyi duygu alıyorsun.

A.K.: Bu duyguları evde başka kimseden alamıyorsun.

+ Bu duyguları evde başka kimseden alamıyorsun.

A.K.: Yalnızlığı taşıyamıyorsun, çünkü sen çocuksun. Bu yalnızlık annene ait.

+ Yalnızlığı taşıyamıyorsun, çünkü sen çocuksun. Bu yalnızlık annene ait.

A.K.: Artık büyüdün. Annenin yalnızlığını taşımaya bırak.

+ Artık büyüdün. Annenin yalnızlığını taşımaya bırak.

A.K.: Gel biraz sarıl bana.

Kendine Zaman Ayırmak: Tuğçe'nin aile içindeki rolünü ve annesiyle olan ilişkisini giderek daha net biçimde görüyoruz. Hem çocuk hem de anne olma gayretindeymiş. Fakat bizim diyaloğumuz onun farkındalığını artırmasına yardımcı oluyor. Sürekli aile üyelerini ve onların gereksinimlerini düşündüğünü fark ederken bir yandan da bu rolünün kendi analiz yeteneğini geliştirdiğini anlıyor.

► **Öneri:**

İçinizdeki çocukla bağ kurun. Onun o tarihte neler hissettiğini anlayın ve ona yardımcı olun. İçinizdeki çocukla bağ kurmak duygusal iyileşme sürecinde atılan en önemli adımlardan biridir. İçinizdeki çocukla konuşmanızı öneririm. Konuşarak ona destek olabilirsiniz. O çocuğa sevgi, şefkat ve güven mesajları verin.

Güvenli Alan Yaratın: İçinizdeki çocuk kendini en çok nerede güvende hissederdi? Bu alan size özel ve kimsenin bilmediği bir yer de olabilir, bir meditasyon alanı da.

► **Öneri:**

İçinizdeki çocuğa istediği güvenli alanı ve konforu sağlayın. Bunun için meditasyon tekniklerini kullanabilir ve kendinize zihninizde bir dünya yaratabilirsiniz.

İçindeki Çocukla Konuşmak: Zaman zaman çocukluğunuza seslenebilmelisiniz. Onunla yapacağınız diyaloglar sizin yetişkin halinizi de iyileştirecektir.

▶ **Öneri:**
"Merhaba içimdeki çocuk. Sana buradayım demek istedim. Seni sevdiğimi söylemek istedim," demeye ne dersiniz?

"Kendimi Nasıl İyi Hissedeceğimi Bilemedim"

A.K.: Nasılsın?

\+ Biraz ağır geldi. O duygularım geldi tekrar. Epeydir temas etmemişim bu duyguya.

A.K.: Gülmemizin altındaki duygu: Üzüntü. Bu kadar derin girmen büyük bir şifa bu arada.
Onu da öğret kendine şimdi: Hayatta her şey belirsizdir. İyi de olabilir, kötü de olabilir.

\+ Hayatta her şey belirsizdir. İyi de olabilir, kötü de olabilir.

A.K.: Kaybedebilirim, kazanabilirim. Yalnız kalırım, birileriyle olurum.

\+ Kaybedebilirim, kazanabilirim. Yalnız kalırım, birileriyle olurum.

A.K.: Ya öleceğim ya yaşayacağım. İkisi de gerçektir.

\+ Ya öleceğim ya yaşayacağım. İkisi de gerçektir.

A.K.: Belirsizlik annem için çok kötü bir şeydi. Benim için değil.

\+ Belirsizlik annem için çok kötü bir şeydi. Benim için değil.

A.K.: Annemin hayatını bırakıyorum. Onun iyi şeylerini alacağım.

Annemin hayatını bırakıyorum. Onun iyi şeylerini alacağım.

A.K.: Kendi travmalarını ona vereceğim.

+ Kendi travmalarını ona vereceğim.

A.K.: Şimdi nasılsın?

+ Şimdi hafifledim biraz.

A.K.: Bir ağırlık gitti.

+ Tazelik geldi.

A.K.: Tazelik önemli. Canlı olmak lazım değil mi? Kadın dediğin ışıl ışıl olur, parlar.

+ Tabii.

A.K.: Bebeksi bir cilt, parlaklık, ışık vuruyormuş gibi fotoğraf çekimleri... Kadınlar için önemli değil mi?

+ Önemli, önemli tabii.

A.K.: Yazar olacaksın, psikolog olacaksın. Bu psikolog nasıl, parlıyor mu?

+ Parlak da, saklamak istiyor sanki. Saklanıyor gibi.

A.K.: O zaman şöyle söyle: İçimde bir dişilik var. Onu ortaya çıkarmıyorum.

+ İçimde bir dişilik var. Onu ortaya çıkarmıyorum.

A.K.: Ne olur çıkarırsan? Dişilik deyince insanlara da açıklama yapmak lazım. Ne anlıyorsunuz siz dişilik deyince? Aslında bu kadınlık bana göre. Kadınlık dişil enerjidir. Erkekler için de eril enerji var. Her erkeğin içinde bir parça dişil enerji vardır. Her kadının içinde de bir parça eril enerji var. Ama bazen çocuklukta yaşadığımız olaylar, travmalar, bazı kadınların o dişiliği bastırmasına sebep olabiliyor, onlar erilliklerini daha çok ortaya çıkarıyor. Erkeklerde durum biraz daha değişik oluyor. Sonuçta parlamak, güvenilir olmak, görünmek biraz sorun yaratabiliyor.

+ Evet, sorun oluyor. Korkuyorum.

A.K.: Korkutan şey ne?

+ Biraz da özgüvenim eksik galiba, bana öyle geliyor. Yaptığım bir şeyi çok göstermiyorum; sadece ben biliyorum, yakın çevrem biliyor, o kadar.

A.K.: Yaptığın şeyi biri görse ne olur?

+ Utanıyorum.

A.K.: Utanıyorsun…

+ Utanç duygum çok yüksek.

A.K.: Tamam.

+ O yüzden herkes beni çok soğuk bilir.

A.K.: Şimdi kendine söyle: Çocukken kendim olamadım. Anne oldum.

+ Çocukken kendim olamadım. Anne oldum.

A.K.: Başkalarının iyi hissetmesini sağladım. Nasıl iyi hissedeceğimi bilemedim.

+ Başkalarının iyi hissetmesini sağladım. Nasıl iyi hissedeceğimi bilemedim.

(Sarılırlar.)

A.K.: Ver duygunu biraz bana.

+ Niye böyle oldum?

A.K.: Bilinçdışımızda bazı düğümler var; bilincimizde o düğümleri farkındalıklarla çözdüğümüzde böyle bir yüzleşme yaşıyoruz.

\+ Evet, yüzleşme gerçekten ağır.

A.K.: İnsanın en ağır mertebesi ve sınavı bu aslında.

\+ Kesinlikle.

A.K.: Bu işler şöyle olmuyor sevgili Tuğçe, kendime de söylüyorum bunu: "Evet, ben bunu fark ettim. Gittim bunu affettim, bunu da yerine koydum." Farkındalık bunlarla olmuyor, duygusal derinlik istiyor. Bu derinliğe gireceksin, yaşayacaksın.

\+ Ağlamak iyi geliyor.

A.K.: Ağlamak iyi geliyor. Tamam, küçükken ağlar mıydın?

\+ Gizli gizli odamda ağlardım.

A.K.: Onu da gizli gizli yapardın.

\+ Evet.

A.K.: Onu da kimse görmesin.

\+ Görmesinler, üzülebilirler.

A.K.: Tamam, üzülebilirler. Biz şimdi hiçbir halimizi göstermiyoruz kimseye. Ağlarken saklanıyorsun, gülerken saklanıyorsun.

\+ Doğru, robot gibi oluyorum sonra.

A.K.: O zaman evde yalnız kadına dönüşüyor.

\+ Evet.

A.K.: Kim oluyor?

\+ Annem.

A.K.: Bu arada bütün anneler böyle, biliyorsun değil mi? Sen söyleyince benim de annem geldi aklıma.

\+ Hem homurdanıyor hem de hafif söylenme var gibi. Hareketleri sürekli endişeli.

Fark Etmek de Yetmiyor: Duyguları fark etmek, geçmişteki bir travmayı keşfetmek de yetmiyor. Derinleşmek ve o duygu ya da duygular, travma ya da travmalar üzerine çalışmak gerekiyor.

▶ **Öneri:**

Travmalar üzerine kendi kendinize çalışmak yerine önce bir profesyonelle çalışabilirsiniz. Danışman travmalarınızı anlama ve duygusal iyileşme sürecinizi tamamlamanızda size destek olacaktır. Travma çalışırken mutlaka kendinizi güvende hissettiğiniz bir ortamda olun. Terapi odası, grup çalışması veya kendi güvenli özel alanınız. Bu süreçte iyileşme hızınıza saygı gösterin. Unutmayın eşsizsiniz ve süreçleriniz yalnızca size özel ilerler. Kendinizi kimseyle kıyaslamayın.

Öz Bakım Çalışması: Diş fırçalamaktan saç taramaya, özenli giyinmekten makyaj yapmaya, öz bakımla ilgili kendinizi geliştirecek fırsatları kovalayın.

▶ **Öneri:**

En berbat hissettiğiniz bir gün en şık kıyafetlerle aynanın karşısına geçin. Takım elbisenizi giyin, abiye elbisenizi üzerinize geçirin. Aynanın karşısında vakit geçirin. İşe giderken öz bakım için kendinizi zorlayın. Dişiliğinizi ve erilliğinizi ortaya koyacak seçenekleri değerlendirin.

"Annemin Yalnızlığını Bırakabilirim"

A.K.: Şöyle bir yürüsene annen gibi. (Danışan ayağa kalkar, yürür.) Anne ol. Onun hareketlerini yap. Nasıl yapıyordu? (Danışan üzerinde eşyalar olan masaya yönelir.) Evet, uğraş onlarla. Kadınlar strese girince etrafı toplar. Yemek yapar, temizliğe başlar.

\+ Yemek yapıyor ya da koltukta oturup böyle düşünerek sigara içiyor.

A.K.: (Ayağa kalkıp yürümeye başlar.) Kadınlar evde çok ağır duygulara girdiklerinde, o travmanın verdiği duygularla başa çıkabilmek için hareket etmek isterler. Bu, özellikle annelerde çok fazla görülür. Tabii, eski insanlar bunları çalışmamış, çünkü bu kadar bilgi yok. Peki, bu duygular yoğunlaştığında değersizlik, yalnızlık, belirsizlik ne olacak? Gelecek mi gidecek mi? İşte bu aşırı hareketlilikle o kötü duyguların en yoğun olanlarını atıyorlar. Taşıyabilecekleri kadarı kendilerinde kaldığında, artık bir demlenme gibi oturarak o duyguyu yaşıyorlar.

\+ Orada boşalıyor belki de.

A.K.: Şöyle söyle şimdi kendine: Annemin travmaları çoktu. Benimle yeteri kadar ilgilenemedi.

\+ Annemin travmaları çoktu. Benimle yeteri kadar ilgilenemedi.

A.K.: Bunu bilerek yapmadı. O da başka bir çocukluk yaşadı.

\+ Bunu bilerek yapmadı. O da başka bir çocukluk yaşadı.

A.K.: Bütün anne babalarda bu travmalar vardır. Bazıları çocuklarına istemeden geçer.

\+ Bütün anne babalarda bu travmalar vardır. Bazıları çocuklarına istemeden geçer.

A.K.: Şunu da söyleyelim: Eğer kendimi geliştirirsem, travmalarımı çalışırsam, kendim olmak yakınlarımın işine gelmeyecek.

\+ Eğer kendimi geliştirirsem, travmalarımı çalışırsam, kendim olmak yakınlarımın işine gelmeyecek.

A.K.: Bazılarının, genellemeyelim tabii.

\+ Ben de öyle düşünüyorum.

A.K.: Hayatınızda bir şeyi değiştirdiğinizde, işleri büyüttüğünüzde ya da kendiniz olmaya karar verdiğinizde, bazen sıra dışı şeyler yaptığınızda, huyunuz suyunuz değişmeye başladığında ilk önce en yakınınızdakiler eleştirmeye başlıyor.

\+ Kesinlikle öyle oluyor.

A.K.: "Değişti bu. Neye dönüştü böyle, ne yapıyor kendi kendine? Başına buyruk, delirdi, saçmalıyor iyice, kafayı yedi," derler. Bu da bu yolculuğun sınavı.

\+ Kendim olmak için gerçekten bu sınava razıyım artık.

A.K.: Çünkü herkes eskisini istiyor. Öğret kendine şimdi: Annem de çok değişmeye çalıştı, bunu başaramadı.

\+ Annem de çok değişmeye çalıştı, bunu başaramadı.

A.K.: Çevresinde çok insan yoktu. Arkadaşlık kuramıyordu.

\+ Çevresinde çok insan yoktu. Arkadaşlık kuramıyordu.

A.K.: Nasıl geldi?

\+ Çok iyi.

A.K.: Şimdi şunu söyle: Ben annem değilim. Benim yerleşik bir hayatım var.

\+ Ben annem değilim. Benim yerleşik bir hayatım var.

A.K.: Arkadaşlık kurabilirim, dostluk kurabilirim.

\+ Arkadaşlık kurabilirim, dostluk kurabilirim.

A.K.: Annemin yalnızlığını bırakabilirim.

\+ Annemin yalnızlığını bırakabilirim. Çok güzel geldi.

Ayrışma: Annenizden babanızdan ayrışmanız gerekiyor. Onlarla olan gönül bağınızı kastetmiyorum. Bir yetişkin olduğunuzu, onlara bağımlılığınızın olmadığı ayrımını kendinize söylemeniz ve bunu idrak etmeniz gerekiyor.

▶ **Öneri:**

Ebeveynlerinizle kurduğunuz ilişkide sağlıklı sınırlar belirleyin. Duygusal olarak sizi ele geçirmelerine izin vermeyin. Sınırlarınızı açıkça ifade edin. Sınırlarınızı ifade etmek için doğru zamanlamayı seçin. Tarafların duygusal olarak sakin olduğu bir anda kendinizi ifade etmeniz her iki taraf için de daha sağlıklı sonuçlar doğuracaktır.

Kendi Sorumluluğunuzu Alın: Kendi hayatınızı kurup başkalarını suçlayarak yaşayamazsınız, bu sürdürülebilir bir çaba değil.

▶ **Öneri:**

Maddi, manevi, kişisel ve mesleki sorumluluklarınızı tanıyın ve bunlarla başa çıkmak için yöntemler geliştirmeniz gerektiğini fark edin.

Arkadaş Ağını Genişlet: Özellikle belli bir yaştan sonra arkadaşlık ve hatta dostluk kurmak zorlaşır. Ne kadar önceden adım atarsan o kadar kazançlı çıkacaksın.

▶ **Öneri:**

Sana değer veren, seni destekleyen, anlayışlı dostluklara kalbinin kapılarını aç. Duygusal olarak seni beslemelerine izin ver. Seni sevgiyle kucaklayacak kişilere kollarını aç.

"Haddini Bildireceksin"

A.K.: Farkında olmadan o yaşamları da üzerimize alıyoruz.

\+ Evet.

A.K.: Nasılsın şu an?

\+ Şu an biraz daha iyiyim.

A.K.: Parlamak nasıl geliyor?

\+ Bir parça iyi geliyor.

A.K.: Yazar, psikolog Tuğçe parlıyor.

\+ Işıkta yansıyor.

A.K.: Onu da öğret kendine istersen: Yazar, psikolog olabilirim.

+ Yazar, psikolog olabilirim.

A.K.: Hem psikolog olup hem de kendimi çalışmaya devam edebilirim.

+ Hem psikolog olup hem de kendimi çalışmaya devam edebilirim.

A.K.: İyi bir psikolog olmanın ilk şartı, kendini de sürekli terapide tutmaktır.

+ İyi bir psikolog olmanın ilk şartı, kendini de sürekli terapide tutmaktır.

A.K.: Bunu yapabilir misin?

+ Yaparım.

A.K.: Şimdi, tek başına, yalnız duran o küçük çocuk vardı ya, tekrar o anıya gidebilir misin?

+ Giderim.

A.K.: Çocuğun canı ne yemek istiyor? Onu bulabilir misin?

+ Tatlı bir şey yemek istiyor. Çikolata istiyor.

A.K.: Çikolata... Şimdi o çocuğa şunu söyle: Bundan sonra canın istediğinde tatlı yiyebilirsin.

+ Bundan sonra canın istediğinde tatlı yiyebilirsin.

A.K.: Kendini kötü hissettiğinde yemeği azalt. Arada bir şımarma hakkın var.

+ Kendini kötü hissettiğinde yemeği azalt. Arada bir şımarma hakkın var.

A.K.: Şimdi oradan bir tatlı alacaksın. Bak, orada duruyor. Şımarıklık yap, bunu yaparken de kendine şunu söyle: Şımarma hakkım var, saçmalama hakkım var.

+ Şımarma hakkım var, saçmalama hakkım var.

A.K.: Küçükken izin verilmedi ama artık bu hakkımı kullanacağım.

\+ Küçükken izin verilmedi ama artık bu hakkımı kullanacağım.

A.K.: Güzel. Nasıl geliyor tatlı?

\+ İyi geldi.

A.K.: İnsanız sonuçta, duyguya çok girdiğimizde karbonhidratı, şekeri çok kullanırız.

\+ Evet, çok fazla oluyor.

A.K.: Bazen anneler çocuklarına çok fazla şeker, çikolata yediriyorlar. Evde çok kötü duygular varsa çocuk duygularını o şekilde bastırıyor.

\+ Sevinsin, tatlı yesin, istediklerini alalım. Bir anne baba suç işlediğinde çocuğuna ağlamasın diye bir çikolata götürüyor, işte bu aynı şey.

A.K.: Hâlâ yazar, psikolog seni bekliyor.

\+ Ne yapmam gerek?

A.K.: Ne yapman gerek?

\+ Yolumu bulmam lazım.

A.K.: Yolunu bulman lazım.

\+ Yolumu kaybettim galiba.

A.K.: Öğret kendine: Annem babamın yolunu gözlüyordu. Kendi yolunu bulamadı.

\+ Annem babamın yolunu gözlüyordu. Kendi yolunu bulamadı.

A.K.: Kocamın yolunu gözlemeyi bırakıyorum. Kendi yolumu çizeceğim.

+ Kocamın yolunu gözlemeyi bırakıyorum. Kendi yolumu çizeceğim.

A.K.: Kocam da kendini geliştirebilir, ben de kendimi geliştirebilirim.

+ Kocam da kendini geliştirebilir, ben de kendimi geliştirebilirim.

A.K.: Önce kendim olacağım.

+ Önce kendim olacağım.

A.K.: Demek ki yolu bu, önce kendin olmak. Eşinle ilgili endişelerin, kaygıların var. Onlara çalışarak o duyguları biraz boşaltmak lazım ki kendimize gelelim. Şu bilgiyi de vereyim: Beynimiz enerjisinin yüzde seksenini yakın ilişkideki insanları düşünerek harcıyor. Eğer biz onlarla ilgili problemleri çözersek beynimiz de enerjisinin çoğunu kendimizi geliştirmemiz için kullanacak.

+ Güzel geldi.

A.K.: Güzel geldi mi?

+ Evet.

A.K.: O zaman o kapanmış halde duran çocuğa şunu öğreteceğiz: Aileni kurtarmak zorunda değilsin.

+ Aileni kurtarmak zorunda değilsin.

A.K.: Yavaşça olduğun yerden kalkabilirsin. Kendin için bir şeyler yapabilirsin.

+ Yavaşça olduğun yerden kalkabilirsin. Kendin için bir şeyler yapabilirsin.

A.K.: İnsanlar seni eleştirirse bazılarına açıklama yapacaksın. Anlamayanlara susacaksın.

+ İnsanlar seni eleştirirse bazılarına açıklama yapacaksın. Anlamayanlara susacaksın.

A.K.: Seni kötü duygu ile eleştirenlere mesafe koyacaksın.

\+ Seni kötü duygu ile eleştirenlere mesafe koyacaksın.

A.K.: Daha da kötülük yapmak isteyen olursa haddini bildireceksin.

\+ Daha da kötülük yapmak isteyen olursa haddini bildireceksin.

A.K.: Bu sensin. Bu seni kötü bir insan yapmaz.

\+ Bu sensin. Bu seni kötü bir insan yapmaz.

A.K.: Yolculuğun bu...

\+ Güzel bir serüven beni bekliyor.

A.K: Evet, hem güzel hem de zor... Ama ödülü de var. Kendin olmak böyle bir şey.

\+ Kendin olmak çok güzel bir şey.

A.K.: Bu hayatta kimse rahat tuzağında kendi olamıyor. Bir yerler acıtacak canımızı veya bazı yerlerde kopacağız, bazı şeyleri tamamen kaybedeceğiz. Belki bir daha onlarla olamayacağız ama bizim amacımız onları kaybetmek olmayacak. Amacımız hayatımızdaki her şeyle daha iyi ilişki kurabilmek olacak. Kendimiz olmaya çalışırken bize engel olmak isteyen insanlar olursa da, yeri geldiğinde veda etmeyi bileceğiz.

\+ Evet.

A.K.: Artık annenin beklediği adama veda et. Tamam mı?

\+ Tamam.

Tuğçe'yle olan diyaloğumuzu nasıl buldunuz? Tuğçe kendini geliştirme, mesleki hedefler belirleme, kendine izin verme, ebeveynlerinden ayrışma, sınırlarını çizme ve en önemlisi kendi yolunu bulma konusunda önemli adımlar attı. Muhtemelen okurken sizler de kendinizde Tuğçe'nin yaşadıklarından izler buldunuz. O izleri siz de takip edin, eğer gerçekten istiyorsanız siz de yolunuzu bulacaksınız.

▶ **Öneri:**

Ara sıra şımarma hakkınızı kullanın. Bu sizi daha fazla kendiniz yapacak.

YENİ YOLAKLARA İZİN VERİN

Tabii ki her insanın travması, cinsiyeti, yaşı, kültürü, toprağı ayrıdır. O yüzden bu acıları taşıma şekli de ayrı olabilir. Ama beyin için bu fark etmez. O acıyı yaşadınız. Altı yaşında, o başınıza gelen olayı hatırladınız. O olayda kendinizi belki çaresiz, belki yalnız, belki sevilmeyen, belki terk edilmiş, belki pis, belki utanılacak belki de öldürülmesi gereken biri gibi hissettiniz. Bazı aileler bu duyguları da verir. Bunu yaşayın; iliklerinize kadar, damarlarınıza kadar tekrar yaşayın. *Role play* yapar gibi düşünün. Sanki size bir rol verilmiş, o rolü yaşıyorsunuz. Şimdiki yaşınızla geçmişe gidiyorsunuz, geçmişteki o çocuğun duygularını tekrar yaşıyorsunuz. Belki o altı yaşında kendisini duvardan duvara vurup ağlıyordu ya da yorganın içine girip, ellerini, kollarını, bacaklarını sıkıştırıp içine içine ağlıyordu. Aynısını yapacaksınız. Role play'de önemli olan aynı şeyi yapmaktır. Aynı duyguyu yaşadığınızda beyniniz o duyguları boşaltmaya başlar. Evet, bunu yapmak biraz zor, çünkü çok fazla anıya temas ettiğiniz için bu anıdan ziyade duyguya temas ettiğiniz anlamına gelir. Çalışmayı yaparken de yaptıktan sonra da en çok dikkat edeceğiniz nokta çocukta hangi duygunun var olduğudur. On, on beş dakika çalıştınız diyelim. Kendinize şunu söyleyeceksiniz: "Yeteri kadar çalıştım. Değersizlik duygumu atıyorum. Kimsesizlik, yalnızlık duygumu çalıştım. Daha sonra devam edeceğim." Bunu üç ay boyunca haftada iki gün, üç gün ya da isterseniz her gün (arada dinlenmeyi unutmayın) düzenli olarak yaptığınızda regülasyon ve işlemleme başlar. Bu ne demektir?

Siz normal hayatınıza devam ederken, bilinçdışınız arka planda sizin temas ettiğiniz anıların duygularını boşalttığı için yeni yolaklar oluşturmaya başlar.

Kötü duygu gittikçe beyin rahatlar ve yolak ortaya çıkar. Beyniniz, artık dış dünyayla ilişki kurabilecek yeni ağlar oluşturur. Kendisiyle çalışmayan, konforunda kalan, sürekli aynı şeyleri yapan insanların kötü duyguları beyinde kalır. Geçmişin duyguları beyinde kalır. O alışkanlıktan dolayı beyindeki o yeni sinir ağları, sinapslar, nöronlar çıkmaz, yolaklar oluşmaz; çünkü beyin buna ihtiyaç duymaz. Beyin yeni bir şey yapmadığı için konfordadır, otomatik pilota bağlayıp devam eder. Ama siz bu anıların duygularına temas ettiğinizde beyin yeni yolaklar oluşturmaya başlar. Yolakları da elektromanyetik bir alan gibi düşünün.

Şimdi, gözünüzün önüne bir beyin getirin. Beyin üzerindeki kıvrımlara, biraz daha beynin içine doğru yaklaşın. Görüntüyü hatırlayın. Hepimiz bir beyin fotoğrafı görmüşüzdür. Sinir ağları var; sinirler, damarlar var. Biraz daha içine girdiğinizde aksonlar ve sinapsları görürsünüz. Sinir ağlarını, sanki uçuşan çizgiler gibi düşünün. Birbirleriyle bağ kuran binlerce, milyarlarca sinir ağı var. Amigdala yani beyniniz anılara temas edip o kötü duyguları boşalttığında, sinir ağları ve kıvrımlar artmaya başlar, yeni yolaklar oluşur. Beyniniz dış dünyayla ilişki halindedir. Beyninizdeki elektromanyetik alanlar dış dünyadaki elektromanyetik alanlara temas eder. Örneğin benim travmam var, değersizlik, dışlanma korkum var. Çocukluğumdan kalmış, böyle büyütmüşler beni. O yüzden ben her girdiğim ortamda bir şekilde beni dışlayacak birini, beni ötekileştirecek bir cümleyi, beni kapsam dışı bırakacak bir durumu bulurum ya da kendimi bir şekilde dışlatırım. Bir ortama girdiğinizde, diyelim ki beş kişisiniz, dört kişi birbiriyle konuşuyorken siz dışarıda kalırsanız bu aslında onlar sizi dışladığı için değildir. Siz kendinizi dışarıya alırsınız, duygunuz budur.

Kalabalık bir ortama girince tripten tribe koşan, daralan o gruba bir türlü dahil olamayan kaç kişiyiz?

Beyniniz öyle çalışır, nöronlarınız öyledir çünkü ona ihtiyaç duyar. Bu çalışmayı yaptıktan sonra beyniniz dış dünyada aynı ortama girse de artık o kötü duygular, travmaların duyguları boşaldığı için yolaklar oluşur. Soru sormayan tarafınız soru sormaya başlar. Merak etmeyen tarafınız merak etmeye, başkasına dokunamayan tarafınız dokunmaya başlar. Espri yapamayan tarafınız espri yapmaya, yaramazlık yapamayan tarafınız yaramazlık yapmaya başlar. Kendiniz olmaya başlarsınız. Çocukken öremediğiniz sinir ağlarını tekrar örersiniz.

Beyin muhteşem bir varlık. Özellikle aile dizimlerinde mucizelerle karşılaşıyoruz. Yıllardır yapıyorum bunu, ülkemizde ve yurtdışında birçok insan da bilir. Beynin ve tekniğin mucizesinden bahsederken, tabii ki onu iyi uygulamak da önemli. İyi bir terapi kişinin kendisi ile iyi çalışmasıdır. Elbette herkes terapiye gitmek zorunda değil, ama bunu kendinizle iyi çalışabiliyorsanız, aynı mucizeyi kendinizde de görebilirsiniz. Yıllarım, hayattaki mucizelere tanıklık eden insanlarla geçti. Bu, kendi hayatım için de geçerli. Az çok benim de çocukluğumu, yaşadıklarımı biliyorsunuz. Normalde benim gibi bir çocukluk yaşamış, böyle bir travma ile büyüyen insanların ya ölmüş ya da öldürülmüş olması gerekiyor. Yurtdışında, burada, hocam olan terapistler de aynı şeyi söyledi. Bunun başka bir yolu yok, çünkü beyinde en çok bu duygular var. Ama yaşamım boyunca o mucizelerin birçoğuna sizler de benimle tanık oldunuz. Bunun için sürekli kendimizi geliştirmeye devam edeceğiz.

Uslu çocuk ve yaramaz çocuk olmak, ikisine de temas etmek gerekiyor. Ne sürekli yaramaz olacağız ne de sürekli uslu olacağız.

İkisinin de kazanımları çok fazla, ikisinin de yetenekleri içimizde. Artık bunu bırakmak zorundayız. Dünya başka bir yere doğru gidiyor. Kendini geliştiren, konuşmayı, risk almayı bilen, saçmalamaktan utanmayan, espri yapabilen, kötü duygularını içinde tutup çalışabilen, onu başkalarına atmayan, içindeki o duyguları kendisine kazanım sağlayacak bir enerjiye dönüştüren insanlara dönüşmek zorundayız.

Nasıl Hastalanırız?

Çocuklukta yaşadığınız travmaların duyguları sizi yavaş yavaş hasta eder, pasifleştirir, tembelleştirir. Kitap alıp okumak istersiniz, okuyamazsınız. Spora gitmek istersiniz, yazılıp yazılıp gidemezsiniz. Şunu yapacağım dersiniz, yapamazsınız. Travmalarınızın duyguları, karar almakla eylem arasına ciddi bir mesafe koyar. İçinizde başarılı olma korkusu varsa, çocukken her başarılı olduğunuzda dövüldüyseniz, görülmediyseniz, sevilmediyseniz, eleştirildiyseniz, başarınız başkalarının başarılarıyla kıyaslandıysa, beyniniz büyüdüğünde sizin başarılı olmamanız için elinden geleni yapar.

Ağzınız başarılı olmak istediğinizi söyler ama beyniniz bunu istemez. O yüzden çoğunlukla şunu yaşarsınız: Ne zaman işleriniz birazcık iyiye gitmeye başlarsa, başınıza birtakım sıkıntılar gelir. Oraya buraya elinizi, ayağınızı çarparsınız, bir yerleriniz kırılır, bir şeyleri kaybedersiniz, hastalanmaya başlarsınız.

En çok gördüğüm vakalar bunlardır. Neredeyse kendinizi ölümün eşiğine getirirsiniz. Çünkü diyelim çocukken bir şeyi başardınız ve bunu gidip ebeveyninize gösterdiniz. Ebeveyniniz sizi görmedi, birileri görmedi. Başarınızı görmediler, başarınızdan dolayı size iyi duygu vermediler. Bunun sık sık olduğunu varsayalım.

Çocuğun beyni şunu öğrenir: "İleride çok başarılı olursan yalnız kalacaksın." Ya da küçükken bir şeyi başardınız.

Küçük bir çocuğun bir şeyi başarması ne olabilir; alır bir bardağı, tabağının üzerine koyar. Onun için bu bir başarıdır. Ebeveyninize bu yaptığınızı gösterdiğinizde, "Üff, git başımdan. Onu oraya bırak, dokunma," cevabını aldıysanız, ebeveyniniz bu şekilde kızıp oyun alanınızdaki başarıyı dağıtıyorsa ve bunu sık yapıyorsa çocuk şunu öğrenir:

"Büyüdüğünde çok başarılı olursan, seni dışlayacaklar." Ya da şiddete uğradınız. Kendiniz olduğunuz için size bağırıldı. Ne zaman çok başarılı olursanız, görünür olursanız, öldürüleceksiniz. Başarılı olmak, güvenilir olmak demektir. O yüzden bazı insanların işleri ne kadar çok büyürse o kadar çok hastalanırlar, kötü olurlar. Maddiyat arttıkça mutluluk artacak diye düşünmeyin. Durum bunun tam tersidir, dünyada da örneklerini görürsünüz. Ben birçok danışanımda da bunu görüyorum. Hatta durumu çözdükten sonra çok şaşırıyorlar.

Para Kazandıkça Mutsuz Olmak

Başarı, kötü duygu getirebilir; çünkü bu, çocuklukta kazanılmıştır. İç Anadolu'nun bir köyünden bir danışanım vardı, gerçekten iyi bir eğitim almış. O zamanlar dershaneler vardı, kendisi de zeki ve başarılı olduğu için dershanede ücretsiz okuyup iyi bir üniversiteye girmiş. Akademik başarısı yüksek olduğu için Amerika'daki bir üniversiteden burs alıp orada okumuş. Sonrasında çok da zengin olmuş ama zengin oldukça depresyona girmiş. Çünkü anne babası köyde, onun beyninde de anne babası köyde yaşıyor. Çocukken de onu hep uslu yapmışlar. Sürekli anne babayı mutlu etmeye çalışmış, onlar üzülmesin, yorulmasın diye uğraşmış. Bütün hayatını para kazanma ve onları bu hayattan kurtarma üzerine kurmuş. Bir insanın anne babasını kurtarma gibi bir hayali olamaz. Kişi önce kendisini kurtarmalı, sonra anne babası ya da diğerleriyle ilgili aşamaları düşünmeli. Bu danışanım her zengin olduğunda hastalanıyor. "Amerika'da iyiyim, ama onlar orada," diye düşünüyor. Bu arada onlara yardım da ediyor, bırakıp gitmemiş. Ama bu önemli değil, kendisinin yükselmemesi lazım. Çünkü anne baba ona çocukken şu duyguyu veriyor: "Bizi bırakıp gidersen, biz ne yapacağız?" Bundan dolayı isterseniz dünyayı serin ayaklarının altına, o hiçbir zaman mutlu olmaz. O nedenle bu başarı, mutluluk, iyi hissetme, zengin olma, cesur olma durumu çocuklukta, 0-8 yaş arasında ağırlıklı olarak şekillenir. Yaşadığınız şeylerin duyguları sizin gelecekte nasıl bir insan olacağınızı, kiminle evleneceğinizi ya da kiminle sevgili olacağınızı, ne kadar ve nasıl para kazanıp kaybedeceğinizi belirler. Oraya temas edebilmeniz önemlidir.

Şuna çok tanık oldum; düzenli bir yıl terapi alan, dizimlerime gelen danışanlarım var. Maddi durumları çok iyi. Tam tersine maddi durumu iyi olsa dahi, buna para ödeyeceğim ama bu çok fazla, bu parayı ödeyemem, diye düşünenler de var. Aslında gereksiz harcama yaptığı şeylere bir baksa, ödeyeceği para karşılığında kendisini geliştirmek için alacağı bir terapinin ya da katılacağı bu tarz bir çalışmanın altı ay, bir yıl sonra kendisine daha çok para kazandıracağını görecek. Bunu görmüyor, çünkü bir mucize bekliyor.

Hayatınızda her şeyin bir deneyim
olduğunu unutmayın.

Uslu çocuğu azaltın, yaramazı geliştirin derken kötülük yapın, yaramazlık yapın, dağıtın, saçmalayın demiyorum. Ben hayatın neşe tarafını, biraz utanılacak tarafını deneyim olarak kabul edin diyorum. Utanılacak taraftan kastım şu; elbisenizin bir yeri yırtılır, üzerinize bir şey dökülür, ağzınızdan bir laf çıkar. Bunlar kötü şeyler değil. Başınıza geldiğinde, "Utanmayı deneyimliyorum," deyin. Elinizden bir şeyi düşürüp kırarsanız, "Bir şey kırmayı deneyimliyorum," deyin. Bir insan sizi yanlış anlarsa, "Evet, şu an yanlış anlaşılmayı deneyimliyorum," deyin. Biri sizi hayatından çıkarırsa, "Şu an sevilmemeyi, dışlanmayı deneyimliyorum," deyin.

Hayat, iki taraflı deneyimdir. Sevilmeyeceğim, dışlanmayacağım
ya da para kaybetmeyeceğim diye uğraşmayın.

Bu hayatta başarıya ya da başarısız olmaya, para kazanmaya ya da bazen para kazanamamaya temas edeceksiniz. Sevmeye ya da bazen sevmemeye temas edeceksiniz. Bazen iyi insan olmaya, bazen kötü insan olmaya temas edeceksiniz. İkisinden birine değil, her ikisine de temas edeceksiniz.

Eskiden, çok eskiden, belki de yüzlerce, binlerce yıl önce iyi olmak önemliydi; ama şimdi değil. Politik olmayı da geliştirin. Bazen yalan söyleme hakkınız, bazen kötü bir insan olma hakkınız da var. Kötü insan olun demiyorum, kötü insan olma hakkınız olduğunu söylüyorum. Bu nedenle daha çok anılara gideceğiz. Anılarda neler yaşadık, nasıl kötü çocuktuk ve uslu çocuk haline getirildik, bunlara bakacağız.

Çok Değersizim

İki kız kardeşlerdi. Ablaydı. Değersizlik duygusuyla başa çıkamıyordu. "Ben dışa dönük, neşeli, pozitif, girişken, derslerinde başarılı bir kız çocuğuydum. 98 alsam ağlardım. Kız kardeşim tam tersiydi. Karne günü gelir çatar takdir belgemi nereye saklayacağımı şaşırırdım. Annem sürekli kardeşin üzülecek, kardeşin kıskanacak der dururdu. Şimdi ne zaman biri beni takdir etse içime daral geliyor. Annem ikimizi alışverişe götürürdü, ben başka kardeşim başka kıyafet beğenirdi. Eve gelip üzerimizi giydiğimizde kardeşim benim kıyafetimi ister hayır dersem ağlar, küser; annem de "Ver kızım, o senin kardeşin, sen ablasın, " derdi. Şimdi ne yeni bir kıyafet alma isteği duyuyorum ne de buna hevesim var. Eğer biri aldığım ayakkabının, elbisenin yeni olduğunu anlarsa içime hemen bir sıkıntı çöküyor."

Çocukken ebeveynlerinizden hangisi için kötüydünüz, değersizdiniz, hangisi için işe yaramazdınız, hangisi için aptaldınız, hangisi için sevilmeyecek birisiydiniz; bunların hepsini göreceksiniz. Onlara temas edin ve üzerinde bir iki ay çalışın. Kendinize şunu söyleyin: "Ben bu hafta biraz daha yaramaz bir çocuk olmayı deneyimleyeceğim." Böylece konfordan çıkacaksınız. Üç ay, altı ay boyunca haftada bir iki gün hiç yapmadığınız, "Off, nasıl yapacağım," ya da "Ben bunu yapamam," dediğiniz şeyi yapmaya çalışacaksınız. Çok zorlanacağınızı düşünmeyin. Çok zor olmasının altında zaten hakikat yatıyor. Zorlandıkça beyniniz daha çok duyguya girecek, kötü hissedecek. Ama bunu yapın ve yaptıktan sonra da şunu söyleyin: "Şu an, bunu yaptıktan sonra da kendimi iyi hissediyorum." Yanınızdaki insanları değiştirin. Risk alabilen, eğlenceli, neşeli, cesur ve değişik insanlarla ilişki kurmaya çalışın. Çünkü beyninizdeki nöronlar, onların beyinlerini de kopyalıyor. Onlara temas edin. Şarkı söyleyin, dans edin, şımarın. Yaparken utanıyorsunuz belki ama onları da görün. Niye bu kadar utandığınızı, niye bu kadar rahatsız olduğunuzu düşünün. Saçmalama hakkınız var. Bazen saçma hareketler yapın. Saçmalamak o kadar önemli bir şey ki... Evde tek başınıza da yapabilirsiniz.

Pandemide ve pandemiden sonra sosyal medyada, haberlerde, sokaklarda, dışarıda tuhaf tuhaf hareketler yapan, kendi kendine deliriyormuş gibi dans eden, hoplayan zıplayan, konuşan insanlar görmüşsünüzdür. Onlar yıllarca uslu çocuk olarak yetiştirildikleri için böyle davranıyorlar. Terapi almadıkları için kendilerini geliştirmiyorlar. Beyin bir yere kadar dayanıyor. İçeride çok fazla duygu var. Anne babamızın, bizi yetiştirenlerin iç sesi olan süperego bunu susturuyor.

Bizim içimizde ebeveynlerimizin sesi var; ayıp, yapma, günah, elâlem ne der...

Belli bir yaşa kadar bunu bastırıyoruz. Bazı insanlar kendileriyle çalışmadığı için bu bastırma bir süre sonra hastalığa dönüşmeye başlıyor. O kişi bir anda sokakta, dışarıda, olmadık bir yerde uluorta, tuhaf tuhaf hareketler yapıyor. Aslında yavaş yavaş deliriyor. Delirme bir anda olmaz, yavaş yavaş olur. Kişi tamamen delirirse hastaneye kapatılma durumu söz konusu olabilir. İleride bu gibi davranışlar daha da artacak, dış dünyada çok fazla delirme göreceksiniz.

Etrafınıza bir bakın. İnsanlar artık çok fazla diyalog içinde değil. Dışarıdan konuşuyormuş gibi gözüküyorlar ama herkes başka bir şey anlatıyor. Herkes birbirinin sözünü kesiyor, kimse kimseyi dinlemiyor. Bu ilişki şekli, bu insanlar çok tehlikeli. Konudan konuya hızlı geçiyorlar, aynı konuda kalamıyorlar; çünkü duygu ağır geliyor. Dikkat edin, bu insanlar konuşurken, birbirlerine bakarken pek fazla mimik kullanmazlar. Mimiklerinden bir şey anlayamazsınız, hissedemezsiniz. Dikkatleri çok dağınık olduğu için duyguyu sonradan verirler. Karşınızdakinden aynı anda iki duyguyu, örneğin sizi severken bile sevmiyormuş duygusunu alabilirsiniz. Sizi överken bile gömüyormuş gibi hissedebilirsiniz. Sırtınızı sıvazlarken sanki bir şey batırıyormuş gibi hissedebilirsiniz. Size değer veriyormuş gibidir ama değersizmişsiniz gibi de hissettirebilir. Bu insanlar ikircikli, karışık duygular verir. Pandeminin yası tutulmadığı için, depremin yası tutulmadığı için, ekonomik sıkıntıların yası tutulmadığı için, seçimin yası tutulmadığı için böyle insanların sayısı arttı, daha da çok artacak.

Yas da Bir İhtiyaç

Hiçbir şeyin yası tutulmuyor. Kitlesel yaşanılan bu olaylarda hepimiz çocukluğa gidiyoruz, beynimizle regüle olarak yaşıyoruz. Bunlar travmadır ve regülasyonlar çocukluktaki duyguları ortaya çıkarır. Biz yas tutmuyoruz. Büyük bir deprem, afet, pandemi, savaş gibi travmalarda o toplumdaki kişilerin beyninde regülasyon oluşur. Regülasyon duygusal gerileme demektir. Deprem, pandemi, savaş gibi travmalar; öldürülme, ölüm, yok olma, kaybetme, yalnız kalma gibi ağır duygular getirir. Bu duygular aşırı yoğun olduğu için travma çok büyüktür. Bu durumda beyin geriye, çocukluğa döner. Çocuklukta yaşanılan benzer travmaların duygularına temas eder. Pandemide virüsten, depremde enkaz altında kalmaktan, ekonomik sıkıntıda işlerini kaybetmekten korkan insanlar, böyle travmaların içinde yer alan öldürülme, yalnız kalma duygularını yaşadıkça çocukluktaki benzer duygulara temas eder. O yüzden beyin şunu der: "O duygulara temas ettin, lütfen çocukluğuna odaklan."

Yas tutmak bu demektir. Çocukluğunuza gideceksiniz. Biten ilişkilerin yasını tutacaksınız.

Toplum yas tutmuyor. Yas tutulmadığı için, çocukluğa temas edilmediği için o duygular birikir. Öldürülme korkusu, yalnız kalma korkusu, ekonomik sıkıntıların yol açtığı değersizlik, yalnızlık, belirsizlik gibi duygular çoğalır. Kişi, kendi çocukluğuna temas etmediği, bunları kişisel olarak çalışıp boşaltmadığı için dış dünyada bu duyguları yansıtacak birilerini bulmak zorundadır. Siyaseti takıntı haline getirir. Bir siyasetçinin kölesi olurken başka bir siyasetçinin de can düşmanı olur. Dışarıda insanlara saldırır, bağırır çağırır. Tuttuğu futbol takımını aşırı yüceltir ya da rakibine öldüresiye duygularla bakar. Kötü duyguları bir şekilde dış dünyaya yansıtır. Örneğin sosyal medyaya bir fotoğraf koyarsınız. Bu, hepimizin başına geliyor, benim gibi göz önünde olan insanların daha çok başına geliyor. Fotoğrafta kolunuzun köşesindeki bir şeye bakar, o bakıp gördüğüyle size saldırır; çünkü bir şekilde duygularını atmak zorundadır.

İnsanların çoğu kötüleşecek. Bu anlamda kendinizi geliştirmeniz her şeyden önemli, çünkü bu kadar başa çıkılmaz, delirmiş, problemli insanın arasında yaşayabilmek çok zor olacak. Kendinizi geliştirmeye başladığınızda beyniniz, elektromanyetik alandan dolayı kendisini geliştiren insanları bulacak. Aksi halde yanınızda kimler varsa onları kopyalayacaksınız. Öyle bir zamandayız ki artık, iyi de kötü de hızlı oluyor; karma hızlanıyor.

Yıllar önce yaptığınızın karşılığı yıllar sonra geliyordu. Şimdi dün yapınca bugün geliyor; sistem artık çok hızlı.

Bu sebeple iyi ya da kötü, hangisinde istikrarlı ilerlerseniz karşılığını hızlı alacaksınız. Çocukluk anılarınıza lütfen temas edin. Her hafta sizi konfordan çıkaracak, yeni şeyler deneyimleyeceğiniz eylemlere girin. Şımarma hakkınızı kullanın, saçmalayın. Konforunuzdan çıkarken de alanlarınızı değiştirin. Değişik insanlarla ilişki kurma yeteneğinizi geliştirin. O yanlış, bu kötü gibi büyük yargıları artık bırakın. Daha çok okumayı, daha çok derinlikli çalışmayı geliştirin. Tabii ki bunu sürekli yapmayın. Haftanın birkaç gününü çalışmaya, birkaç gününü de dinlenmeye ve eğlenmeye ayırın. Eğlenmek sadece dışarı çıkıp para harcamak, orada burada dans etmek değildir. Bunu da yapalım elbette, bu da yeri geldiğinde bizim hakkımız. Ama hiçbir şey sürekli olmamalı. Çıkıp yürümek, yürürken sağa sola bakmak, hoplamak zıplamak, dans etmek, yani yaptığınız şeyin içinde olmak, eyleminde olduğunu hissetmek, onu yaşamak çok önemlidir. Güleceğiniz, neşeli olacağınız, eğlenceli şeyler izlemeyi geliştirin. Üzücü ya da gerilimli, dramatik görüntüler izlediğinizde o duyguların sizi niye bu kadar rahatsız ettiğine bakın. Bu duyguların benzerini çocuklukta nasıl yaşadığınızı düşünün.

Hayat size iyiyi ve kötüyü terapötik olarak kullanmanızı söyler. Çok yüksek duygulara girdiğiniz anlarda bunu çocuklukta nasıl yaşadığınızı sorgulayın. Çünkü beynimiz tanıdığı duygulara temas eder, tanımadığı duygulara temas etmez. Eğer bir gerilim filmi izlerken çok korkuyorsanız ya da filmi izleyemiyorsanız, çocukluğunuzda fazlaca gerilimli, gergin, endişeli, korku dolu olaylar olmuş demektir. Beyniniz film aracılığıyla oraya temas eder ve oradan kaçarsınız.

Dış dünya bir terapi merkezi gibidir; dokunduğunuz, baktığınız, gördüğünüz her şey aslında size sizi anlatır.

Lütfen o yaramaz çocuğu geliştirecek aktiviteleri daha çok artırın. İmkânı olan terapi alanında, terapi almak istemeyenler kişisel gelişim alanında kendisini geliştirebilir. Kişisel gelişim dediğimiz şey kitap okumak ya da kişisel gelişim eğitimi almak demek değildir. Türkiye'de bu yanlış biliniyor. Mesela ben Amerika'da ve Almanya'da yaşarken, bazen oradaki kişisel gelişim uzmanlarıyla konuşuyordum. Kişisel gelişimin çok farklı bir anlamı var. Spor yapmak, egzersiz yapmak, meditasyon yapmak ya da kitap okumak, yeni bir şeyler öğrenmek, müze gezmek, konsere gitmek, dans etmek, yeni insanlar tanımak; bunların hepsi kişisel gelişimdir. Kişiyi bedenen ve ruhen geliştirecek her şey kişisel gelişimdir. Tabii yıllar önce bu sadece bir kitaba ve eğitime indirgendiği için öyle biliniyordu. Beş sene öncesine kadar psikologlar, psikoloji dünyası bile kişisel gelişime tepkiyle bakıyordu. Kişisel gelişim küçümsenirdi. Ama şimdi, psikolojiyle kişisel gelişim birleşmek zorunda, bunun da sebebini beş on yıl sonra göreceksiniz. Psikolojinin de birçok bilgisi insana yetmeyecek. Çünkü insan değişiyor. Yeniçağ insanı bambaşka; eski kuramlarla yeniçağ insanına bakamazsınız. Şimdilerde psikologlar da koçluk eğitimleri alıyor, kişisel gelişime başvuruyorlar. Yıllar önce bir psikoloğun pozitif psikolojiyle ilgili bir şey anlatması etik bulunmazdı. Şimdi ise psikolojinin içinde pozitif psikoloji diye bir alan var. Çünkü psikoloji, yıllarca hasta olarak kabul ettiği insanlara temas etti; diğer insanlarla uğraşmadı, ilgilenmedi bile. Mutluluk psikolojinin alanı değildi. Bir uzmanın amacı ya da hedefi kendi hastasını, danışanını mutlu etmek değil, onlara sorunlarını göstermek ve onları bu sorunlarla yüzleştirmekti. Ama şimdi öyle değil. Çünkü psikiyatri de psikoloji de psikoterapi de artık yeterli olmuyor. İnsanlar artık geçmişe o kadar temas etmek istemiyor. Kimse üzülmek, ağlamak, dağılmak, parçalanmak istemiyor. Çoğu insan bana terapiye başladığını ve dağıldığını, işini gücünü yapamadığını yazıyor. Bu kolay bir şey değil. Önceden psikologlar sohbet bile etmezlerdi. Şimdi artık birçok terapist, danışanına "şunu yap, şurada eğlen, bunu geliştir" diye ödev veriyor. Beş yıl sonra bunlar da değişecek.

Beynimiz olumlu düşünmeyi geliştirmek zorunda çünkü olumlu düşündükçe hayatımıza olumlu şeyler gelmeye başlıyor.

Çocukluktan kazandığımız olumsuz duygular var. O duygular bu yaşımıza kadar olumsuz düşünmemize sebep oldu. Bize bunu öğretmediler ama artık biz kendimize olumlu düşünmeyi öğretmeliyiz. Beynimizdeki olumsuz duyguları, çocukluktaki o travmanın duygularını boşaltmalıyız ki olumlu düşüncelere yer açılsın. Sonrasında yapacağımız bütün olumlamalar ve kendimizle ilgili yapacağımız çalışmalar daha iyi hissetmemizi sağlayacak. Ama bazen meditasyon da işe yaramayabilir. Çocukluğunuzdan kalma değersizlik, sevgisizlik, başarısızlık gibi duyguları boşaltmazsanız, kendinizi değersiz hissediyorsanız, istediğiniz kadar meditasyon ve olumlama yapın, bunların bir faydası olmaz. Ancak üzerine çalışıp meditasyon yaparak kendinizi rahatlatırsanız, beyin söylediğiniz her cümleyi algılayacaktır.

Her şeyi denedim, olmadı. Olumlama, meditasyon, yoga, terapi. İyi de neden olmadı? Bu soruyu soran kaç kişiyiz?

Olumlu düşünebilmek önemlidir, bu çalışmayı yaparken de okuduğunuz bu kitaptaki her satırda olumlu bakışınızı lütfen koruyun. Kendinizi geliştirmek, kendinize temas etmek, uslu tarafınızı azaltıp biraz da diğer yaramaz tarafınıza dokunmak, onun size getireceklerini izlemek ve bunları kabul etmek için çalışmalar yapın. Bütün bunların size ne fayda sağlayacağına bakmak zorundasınız. Anne babalara söylüyorum; çocuğunuzu uslu yapmaya çalışmayın. Ne çok uslu ne çok yaramaz olmalı. Onun hangi duyguları taşıdığını, ne yaparak o duyguları boşalttığını görmeye çalışın. Çocuğunuzu yaramaz ya da hareketli olarak düşünmeyin, o sadece duygularını boşaltıyor. Bunu bazen bir bebeğin kafasını kopararak, bir arabanın lastiğini kırarak ya da bir kaşığı duvara vurarak yapabilir. Burada önemli olan sağlıklı anne babanın onu görmesi, hangi duyguyla içindekini boşaltmaya çalıştığını anlayabilmesidir. Buna odaklanırsanız gerçeği görebilirsiniz.

Yetişkin olarak size ve genç arkadaşlarıma soruyorum: Siz gün içinde ne yaparak duygularınızı boşaltıyorsunuz? Boş boş oturarak, boş boş koşturarak mı? Hızlı hızlı yürüyerek mi? Saatlerce aynı şeyi izleyerek, aynı şeye bakarak mı? Birilerine kızıp durarak, bağırarak mı? Şikâyet ederek mi? Ne yaparak duygudan kaçıyorsunuz ya da duyguyu boşaltıyorsunuz? Bundan sonra duygulardan, kötü duygudan nasıl kaçtığınıza bakacaksınız. Uslu çocuğu azaltabilmek için bunu göreceksiniz. Duygudan kaçma yollarınızı bulun. Çok yiyerek mi yoksa rasgele cinsellik yaşayarak mı duygudan kaçıyorsunuz? Alkol, madde, kumar, beyaz ekran bağımlılığı, insan bağımlılığı gibi bağımlıklar geliştirerek mi ya da işkolik olarak mı kötü duygulardan kaçıyorsunuz? Bunları düşünün.

KİMSEYE ETMEM ŞİKÂYET

Sürekli şikâyet eden, dedikodu yapan, olumsuz düşünen ve her şeye müdahale eden insanlar en rahatsız edici tiplerdir. Memnuniyetsiz insanların beyinleri gelişmez. Bir hedefe ulaşmak istiyorsanız şikâyet etmeyi azaltacaksınız. Azaltamıyorsanız da küçükken en çok şikâyet eden kimdi, onu bulacaksınız. Şikâyet ederek kime dönüşüyorsunuz? Yapmaktan keyif alıp sonrasında pişman olduğunuz davranışları bulun. Mesela, çok yemek yemek olabilir. Kendinize şunu sorun: Ben bunu yaparak kime dönüşüyorum? Çok yiyerek kime dönüşüyorum? Sık sık seks yaparak kime dönüşüyorum? Bağımlılık geliştirerek kime dönüşüyorum? Şikâyet ederek kime dönüşüyorum? Sürekli onun, bunun dedikodusunu yaparak kime dönüşüyorum? Beyniniz bu geliştirdiği duygudan kaçma yollarıyla belki çocukluk ya da ergenlikte tanıdığınız, şu an hatırlamadığınız birine dönüşüyor. Biraz düşünürseniz bulursunuz.

Her şey görülmüş, önceden alıştırılmış ve kopyalanmıştır. Bizim amacımız ise birine dönüşmek değil, kendimizi övmek, kendimizi dönüştürmektir. O yüzden uslu çocuğu azaltacağız. Önünüze üç ay kullanacağınız bir defter koyun. Yazmak daha etkili olur, çünkü beyin özellikle onu önemsediğinizi algılar. Bu kitabı da ara ara okuyun ve kitabın içindeki seans diyaloglarını okurken sizinle konuşuyormuşum gibi düşünün. Oradaki telkinlerin hepsini kendinize söyleyin. Telkinlerin etkili olabilmesi için, anıya gittiğinizde oradaki duygu gerçekliğiniz, gerçekten o duyguda kalabilmeniz önemlidir. Böylece onu algılar ve içselleştirirsiniz. Risk alabilme yeteneğinizin gelişebilmesi için de her şeye deneyim gibi bakabilmek gerekir. Orada çok zorlanıyorsanız kendinize, "Evet, zorlanıyorum," diyerek gerçeği söyleyin. "Zorlanacağım; ama sınırlarımı zorlamak, potansiyelimi aşmak için gideceğim."

Niyet kısmı önemlidir, beyin niyetlerle çalışır.

Kendi kendine ağlamak, duygu boşaltmak ve yas tutmak demek değildir. Anılarınıza gidip yas tutacağınıza ve kötü duyguyu boşaltacağınıza niyet edeceksiniz. O yemeği niye yediğinizi, onu niye giydiğinizi, oraya niye gittiğinizi, o işi ve tartışmayı neden yaptığınızı beyniniz bilsin. Bütün eyleminizi, söyleminizi ettiğiniz niyete yöneltin. Diyelim ki benim çocukluktan kalma bir mizacım var; kendimi yalnız, mutsuz ve agresif hissediyorum. Beynim buna niyet eder. Daha agresif olacağım, daha değersiz hissedeceğim, daha yalnız kalacağım der ve karşıma öyle insanlar çıkartır, onlarla ilişki kurdurur. Bu durumda benim niyetimi değiştirmem gerekir.

Niyetinize bakın. Niyetiniz hem uslu hem de yaramaz çocuk geliştirmek olsun. Yoksa gerçekten madden ve manen büyüyemezsiniz. Amacımız kötü insan olmak değil, utanılacak insan olmak değil, yaramaz bir insan olmak değil; amacımız o duygulara temas etmek, onlara temas edip kendimizi geliştirmek olsun.

ÇOCUKLUK BAĞLARINIZI KOPARTIN

Son diyaloğumuz Salih'le olacak. Onun hikâyesini okurken istek nedir, hedef nedir, para ve güç neden önemlidir, kendine zaman ayırmadığında neye dönüşürsünüz, değişimi kabul etmek neden önemlidir, onay arayışının altında hangi duygular yatar, kişi kendi yolunu nasıl çizer gibi konularda farkındalık kazanacaksınız.

A.K.: Hoş geldin.

\+ Hoş buldum.

A.K.: İsmin nedir?

\+ Salih Demirsoy.

A.K.: Salih Demirsoy?

\+ Evet.

A.K.: Nasılsın Salih?

\+ Biraz heyecanlıyım.

A.K.: Ne heyecanlandırıyor seni?

\+ Burada olmak, bilinmezlik...

A.K.: Ne çıkacak altından...

\+ Evet.

A.K.: O belirsizlik seni rahatsız eder mi hep?

+ Tabii, çok sıkça yaşadığım bir şey.

A.K.: Her şeyi bilmek zorundasın.

+ Bilmek istiyorum.

A.K.: Emin olma duygusu gibi mi bu?

+ Evet, tam olarak o.

A.K.: Bu iyi mi olacak, kötü mü olacak? Doğru mu yanlış mı?

+ Evet, konu olumsuz da olabilir ama bir an önce çıksın ortaya gibi...

A.K.: Ben onu bileyim.

+ Evet.

A.K.: Bu seni hayatta her şeyi kontrol etmeye çalışan biri gibi yapmıyor mu biraz?

+ Yoruyor, yorucu bir şey.

A.K.: Neleri kontrol ediyorsun, etmeye çalışırsın?

+ İlişkilerimi kontrol etmeye çalışırım. İşimi kontrol etmeye çalışırım. Başıma gelecek şeyleri önceden görmeye çalışırım.

A.K.: Şimdi, tahtaya şöyle bir şey yazmanı istiyorum. Mesela, beş yıl içinde ulaşmayı düşündüğün bir hedefi söyle bana. Bir hayal, bir hedef... Bir sürü vardır ama bir tanesini seç desem, Salih kendini nerede görüyor?

+ Somut bir şey olmalı mı?

A.K.: Soyut, somut konuşalım. Ne geliyor aklına mesela?

+ Mesela mutlu olmak...

A.K.: Mutlu olmak bir hedef değil.

+ Değil mi?

A.K.: O bir istek. Bir şeyin hedef olabilmesi için somut, ölçülebilir olması gerekiyor. Yoksa, uçacağım, mutlu olacağım, âşık olacağım... Bunlar istek.

+ Bunlar hedef değil, tamam.

A.K.: (Yanındaki masayı göstererek) Burada ilgini çekecek bir sürü şey var. Para var; cinsellik, seks var. Ne görüyorsun bunun içinde?

\+ Ben parayı görüyorum.

A.K.: Parayı mı? Erkekler zaten direkt parayı görür. Para erkek için bir güç aslında değil mi?

\+ Evet.

A.K.: Tamam, başka ne görüyorsun?

\+ Bebek patiklerine gözüm takıldı.

A.K.: Çocuk, çocuk duygusu...

\+ Evet. Tamam.

A.K.: Çocuk var mı?

\+ Var, iki tane.

A.K.: İki tane?

\+ Evet.

A.K.: ("Sex" yazılı objeyi göstererek) Şu hiç ilgini çekmiyor mu arkadaş?

\+ Yok, vallahi hiç çekmedi.

A.K.: Nasıl erkeksin ya, bu seks, direkt onu görmen gerekiyordu senin.

\+ Valla beni çekmedi.

A.K.: Hiç mi? Seks hayatı olmayan bir erkek misin?

\+ Var ama çekmedi, niye bilmiyorum.

A.K.: Çekmedi, Allah Allah. Para önemli mi?

\+ Evet.

A.K.: Ne kadar lazım sana?

\+ Çok lazım.

A.K.: (Para destesini eline alır.) Bu olmuyor mu?

+ Yok, o yetmez.

A.K.: Gerçekten mi? Olmaz mı?

+ Ne olur ki ondan, yok.

A.K.: Bir de küçümsüyorsun, ne olur diye... Küçümseme de var mı sende?

+ Var, o da var.

A.K.: Var mı?

+ İnsanları da küçümseme var.

A.K.: Nasıl yaparsın bunu?

+ İnsanlara nasıl yaparım bunu... İnsanları boklayarak yapıyorum bunu.

Mesela, iyi gördüğüm birini de belli bir süre sonra küçültmek için galiba, kendi içimde onun boktan özelliklerini köpürtüyorum.

A.K.: Onu aslında aşağılıyorsun.

+ Evet.

A.K.: Çocukluğunda bu nasıldı? Yani, birileri senden çok yukarıda ve sana küçümseme duygusu atıyor.

Kontrol Arzusu: Salih gibi olan kaç kişiyiz? O içinde bitmek tükenmek bilmez kontrol duygusunu taşıyan kaç kişi var aranızda? Belirsizliğe tahammül edemeyenlerden misiniz? Öyle ya da böyle o iş sonuçlansın diyenlerden mi?

▶ Öneri:

Hayata karşı yaylarınızı biraz esnetmeye ne dersiniz? Küçük küçük adımlarla, azıcık, mini minnacık. Günlük aktivitelerde kontrolü bırakmayı deneyin. Örneğin yemek siparişi konusunu arkadaşınıza bırakın. Günlük rutinlerde esneklik göstermek belirsizliklerle başa çıkma becerinizi de güçlendirecektir.

İstek Nedir, Hedef Nedir?: Çok para kazanacağım, hedef. Çok mutlu olacağım, istek. Kariyerimde ilerleyeceğim, hedef. Âşık olacağım, istek.

▶ **Öneri:**

Hedeflerinizi ve arzularınızı birbirinden ayırın. Hedeflerinize ulaşmak için neler yapabileceğinizi önceki sayfalardan tekrar kontrol edin.

Para ve Güç: İkisini de kadınlar da erkekler de çok seviyor. Her zaman mutluluk getiriyor mu, ondan çok da emin değilim.

▶ **Öneri:**

Hayaliniz gerçekten çok para kazanmak ise risk almalı, somut adımlar atmalısınız. Bunun için konfor alanınızdan çıkmanız gerekecek. İlerlediğiniz yolda sağlam bir iradeye de ihtiyacınız olacak.

Küçümseme: Kendini diğer insanlarla karşılaştırmak bazılarında çok daha fazla görülebiliyor. Kıyasladıkça ya kendini aşağıda göreceksin ya da yukarıda. Kıyasın mantığında eşitlenmek yok.

▶ **Öneri:**

Kibir küçümsemenin altında yatar. Kibrin altında ise özgüven eksikliği vardır. Bir kısırdöngü. Önce içe dönmek ve o aşağılanan, küçümsenen çocuğu bulmak gerekiyor. Sen de onu bulmalısın.

"Çocukluk Evresi"

+ Babamla olan ilişkimde oluyordu galiba.

A.K.: Tamam, bir otorite var, senden büyük. Sana küçümseme duygusu atıyor.

+ Evet.

A.K.: Bunu nasıl yapıyor?

+ Şöyle oluyordu: Bir şeyi yap derken bile yapamayacağımı söylüyordu. "Yapamazsın da… Sen bunu beceremezsin de..." gibi oluyordu.

A.K.: Orada bir beceriksizlik, küçümseme duygusu veriyor.

+ Evet.

A.K.: Şöyle gibi... Baban "Şunu yap oğlum," diyor ama onu söylerken bir tarafıyla da seni küçümsüyor. "Yapamayacaksın zaten," diyor.

+ Evet.

A.K.: Tamam. O zaman şöyle söyle kendine, böyle bir anı geldi aklına: Küçükken babam bazen beni küçümsüyordu. Ben bu duyguları içime aldım.

+ Küçükken babam bazen beni küçümsüyordu. Ben bu duyguları içime aldım.

A.K.: Şimdi bazen babama dönüşüyorum. Ben de bazı insanları küçümsüyorum.

\+ Şimdi bazen babama dönüşüyorum. Ben de bazı insanları küçümsüyorum.

A.K.: Şimdi öğret o çocuğa: Bazen beni küçümseyebilirler. Bazen de beni yüceltebilirler.

\+ Bazen beni küçümseyebilirler. Bazen de beni yüceltebilirler.

A.K.: Ben de birilerini küçümseyebilirim. Birilerini yüceltebilirim.

\+ Ben de birilerini küçümseyebilirim. Birilerini yüceltebilirim.

A.K.: İkisi de normaldir. Ama bunu alışkanlık haline dönüştürmeyeceğim.

\+ İkisi de normaldir. Ama bunu alışkanlık haline dönüştürmeyeceğim.

A.K.: Nasıl hissediyorsun kendini?

\+ Böyle kımıl kımılım.

A.K.: Kımıl kımıl mı?

\+ Evet. (Eliyle kalbine yakın bir tarafı göstererek) Buralarda bir hareketler var.

A.K.: (Aynı anda eliyle karın bölgesini göstererek) Şuralarda mı? Nasıl hareketler?

\+ Bilmiyorum, bir şeyler oluyor şu anda.

A.K.: Bu aşk gibi bir şey aslında. O kımıl kımıl hissetme durumu...

\+ Gerçekten mi?

A.K.: Yoğun bir duygu var orada. Bir şey zorluyor demek ki, onu bulmak lazım.

+ Muhtemelen.

A.K.: Bir duygu bizi çok zorladığında, bunu genelde bedenimize atar. Bazen insanlar "Oram, şuram ağrıyor," der; bu aslında orada kötü bir duygu var, bir şey zorluyor demektir. Onu bul. Şimdi şunu söyle: Çocukken duygularımı tanıyamıyordum.

+ Çocukken duygularımı tanıyamıyordum.

A.K.: Hâlâ da ne hissettiğimi bilmiyorum. İyi miyim kötü müyüm anlamıyorum.

+ Hâlâ da ne hissettiğimi bilmiyorum. İyi miyim kötü müyüm anlamıyorum.

A.K.: O yüzden hedeflerinle ilgili kafan karışıyor Salih.

+ Evet, evet.

A.K.: Ne istediğini biliyor gibisin, ama bilemiyorsun; bu duygular çok karışmış. Bir daha soracağım. Hedefin ne?

+ Aslında şu an hiçbir hedefim yok biliyor musun? O çıkıyor ortaya. Hedefsiz kalıyorum.

A.K.: Evet, tamam.

+ Yazacak bir şey bulamıyorum, hedefsiz kalıyorum.

A.K.: Şimdi hedefim yok diyorsun. Şöyle biraz etrafa bak. Algını dağıt biraz.

Etrafa bakmak nasıl geliyor?

+ (Yanındaki kutuya bakarak) İlgimi şu çekti.

A.K.: Ne o?

+ Bir insan figürü.

A.K.: Bir bak, al onu ilgini çektiyse.

+ Bu bir çocuk.

A.K.: Teknoloji çok ilerliyor. Görüyorsun artık herkes psikolojiyle ilgili birtakım bilgilere hâkim, bunları izliyor.

Senin gibi birçok kıymetli anne baba da öyle. Ama bundan yirmi, otuz ya da kırk sene önce bizim anne babalarımız bunları çok bilmiyordu.

\+ Evet.

A.K.: İnan bilmiyordu. Biliyorsun ki okuma kültürü de çoğumuzda çok iyi seviyede değil. Ama şimdi biz bunu öğreniyoruz, bunları okuyoruz, biliyoruz. Birçok anne baba gibi... Bana senin söylediğin gibi mesajlar çok geliyor, "Ben kendimde bir şeyleri fark ediyorum. Çocuklarıma ne yaptım onu düşünüyorum," diye. Salih şunu söyleyebilirim sana: Çocuklarınız için, "Ona kötü mü davrandım? Onda travma mı yarattım?" şeklinde düşünmeyin, sürekli onları değiştirmeye çalışırsınız. Burada yapmanız gereken şey, kendinizi çalışıp değiştirmeniz. Siz değiştikçe, sizi kopyaladıkları için onlar da değişmeye başlıyor. O yüzden her anne baba, "Önce ben," diyecek.

\+ Evet.

A.K.: O zaman oraya, "önce ben" yazabilirsin, ne dersin?

\+ Bence olur.

Kendine Zaman Ayır: Kendinizle ilgilenmeye, bu süreçte duygularınızı anlamaya ve ihtiyaçlarınızı karşılamaya ihtiyacınız var.

▶ **Öneri:**

Önceliklerinizi belirleyin. Zamanınızı nasıl harcadığınızı gözden geçirin. Kendinize rutinler oluşturun. Günlük, haftalık ve hatta aylık planlar hazırlayın. Bu zamanların içinde kendiniz için vakit ayırın. Sınırlarınıza sadık kalın. Başkalarının talepleri sizin önceliğiniz olmasın. Kendinize zaman ayırdıkça kendinizi keşfedeceksiniz. Belki de yıllardır katılmak istediğiniz bir etkinlik var; bir kursa yazılmak, gitar çalmayı öğrenmek istiyordunuz. Kendinizi şımartmayı ihmal etmeyin.

Değişimi Kabul Et: Sen değişirsen dünya değişir.

▶ **Öneri:**

Değişim sürecinde olduğunuzu fark edin. Değişime direnmek yerine onu kabul eden açık bir zihin yapısı geliştirin. Değişim için esnek olmanız gerekiyor, beklenmedik durumlar, terslikler sizin esneklik becerinizle birlikte tepkilerinizi de belirleyecek. Sabırlı olun. Değişim sancılıdır, hızlıca gerçekleşmez. Önce kendinize ve sonra hayata karşı sabırlı olun.

"Ruhsuz Bir Çocuk Gibi Hissediyorum"

A.K.: Önce ben. Nasıl geldi?

\+ İyi geldi. Çok güzel yazmadım mı? Bence güzel yazdım.

A.K.: Tamam. Şimdi şunu söyle: Sürekli yaptıklarımdan onay bekliyorum.

\+ Bu cümleyi kurmamam lazımdı.

A.K.: Yazma, gel. Şimdi diyor ki hayat, önce ben olabilmen için en sık yaptığın şey onay almaksa, onay almayı bırakacağız.

\+ Evet.

A.K.: Bunu çocukken nasıl yaşıyordun? Demek ki bir hata mı yaptım, yanlış mı yaptım, doğru mu yaptım korkusu var.

\+ Bendeki duygu şu Aşkım. Yaptığım herhangi bir şeyden sonra, bir reaksiyon görecek miyim kaygısını çok yaşıyorum.

A.K.: Eleştirilecek miyim, diye mi?

\+ Evet. Eleştirilecek miyim? Benim çocukluğumla alakalı doğru olan şey oydu.

A.K.: Çocuk ister istemez bir şey yapıyor ve övgü bekliyor haklı olarak.

\+ Evet.

A.K.: Bakım alıyor değil mi? Sevgi bekliyor. Onu alamıyor ama eleştiri alıyor.

\+ Evet.

A.K.: O zaman onay istiyorsun sürekli. Doğru mu yaptım, yanlış mı yaptım?

\+ Evet. Bu yaşımda bile hâlâ devam ediyor bu. Hem de çok yoğun devam ediyor.

A.K.: "Önce ben" olabilmek için onayı azaltmak lazım.

\+ Evet.

A.K.: Nasıl yapacağız?

\+ Nasıl yapalım?

A.K.: Bir yolu olmalı.

\+ Kestirmeden bir yolu olmalı. Senin bir tarifin olmalı.

A.K.: Kestirmeden mi diyorsun?

\+ Tabii.

A.K.: (Eline para destesini alır.) Şu kadar versek halleder miyiz sence, olur mu?

\+ Olmaz. Bu şeyler parayla hallolmaz. Olmuyormuş, onu öğrendik.

A.K.: Anladın mı onu?

\+ Tabii.

A.K.: Nasıl anladın?

\+ Çözümleyince anladık.

A.K.: İnsan tabii böyle kötü bir duyguya gelince bunu harcamak da istiyor. Bir sürü şeye para gidecek. Harca harca dur. Çok para harcar mısın?

\+ Harcarım.

A.K.: Hazların için mi?

\+ En çok hazlarım için harcarım.

A.K.: Mesela?

\+ Dışarıda yemek yemek olabilir. Parfüm olabilir. Üstüme başıma çok harcamam. Ama on kişi bir yere yemeğe gittiysek, orada hesabı benim ödemem lazım.

A.K.: Öyle mi?

\+ Evet, hep öyle.

A.K.: Tamam. Peki, hesabı sen ödeyince ne hissediyorsun?

\+ Ağa gibi hissediyorum.

A.K.: Ağa gibi?

\+ Evet.

A.K.: Ağam hoş geldin. Mekân uygun mu ağalığa?

\+ Uyduruyoruz.

A.K.: Şöyle bir otursana orada. Ağa gibi ortaya otur, bir bakalım. Ağasın sen. Nasıl bir duygu, onu bul.

\+ Bana bununla ilgili iki tane duygu geliyor. Birincisi gözükme duygusu, ikincisi herkes tarafından iyi anılma duygusu sanki.

A.K.: Herkes seni görüyor.

\+ Herkes beni görüyor ve herkes benim hakkımda iyi konuşuyor.

A.K.: Herkes senin hakkında iyi konuşuyor. Seni iyi biliyorlar.

\+ Evet.

A.K.: Tamam bir daha kapat gözünü. Bu ağa sen misin, başka biri mi? Onu hayal et şimdi. Kim o?

\+ Bu ağa dedem.

A.K.: Deden mi?

\+ Evet.

A.K.: Aç gözünü. Şimdi kendine söyle: Dedem olmak istiyorum.

\+ Dedem olmak istiyorum.

A.K.: Dedem olmaya çalıştığım için önce ben olamıyorum.

\+ Dedem olmaya çalıştığım için önce ben olamıyorum.

A.K.: O yüzden kendimi ruhsuz bir çocuk gibi hissediyorum.

\+ O yüzden kendimi ruhsuz bir çocuk gibi hissediyorum.

A.K.: Bu ağır geliyor. Para harcıyorum.

\+ Bu ağır geliyor. Para harcıyorum.

A.K.: Herkesin hesabını ödeyip dedem oluyorum.

\+ Herkesin hesabını ödeyip dedem oluyorum.

A.K.: Bu nasıl geldi?

\+ Çok gerçek geldi.

A.K.: Yaş ilerledikçe dedeye dönüşüyoruz.

+ Ailede de zaten dedeye benzetiyorlar.

A.K.: Öyle mi? Mesela hangi huyunu daha çok benzetirler?

+ Anlık karar almalarımı, elimin açıklığını.

A.K.: Bunlarla alakalı galiba o değil mi? Sürekli ona buna dağıtıyorsun.

+ Evet.

A.K.: O zaman kapat gözünü. O küçük çocuk vardı ya hani, az önce aklına gelen, söyle ona: Büyüdüğünde herkesin anne babası olmayı bırak.

+ Büyüdüğünde herkesin anne babası olmayı bırak.

A.K.: Senin bakıma ihtiyacın var. Önce sen.

+ Senin bakıma ihtiyacın var. Önce sen.

A.K.: Tamam, açabilirsin gözünü. Bu nasıl geldi?

+ İyi geldi.

A.K.: Bu çocuğun "önce ben" olması önemli.

+ Evet, olamadı da hiç zaten. Yani olamadım. "Önce ben" hiç olmadı bende. Yeni yeni böyle yapmaya çalışıyorum.

A.K.: Çabalıyorsun en azından, o da güzel.

+ Çabalıyorum, çok çabalıyorum.

A.K.: Önemli olan zaten çabada olabilmek. Hepimiz için geçerli bu.

+ Evet. "Önce ben" olabilmek için bedel de ödüyorum hatta şu an. Çabalıyorum yani, ciddi çabalıyorum hem de. Zorlanıyorum ama çabalıyorum.

A.K.: Aslında insanların çoğunluğunun, belki de hepimizin ortak problemidir "önce ben" olabilmek, yani kendini sevmek. İnsanlar kendini öncelemeyi yanlış anlıyor. Kendini süslemek püslemek, rahat ettirmek değil kendini sevmek. O zaten somut bir şey, onu yapabilirsin.

Kendini sevmek... Gerçekten bir insanın kendini sevebilmesi için kendini bulması gerekiyor önce.

\+ Çok doğru tasvir.

A.K.: Ben şimdi onu bulacağım. Bulduğum şeyi anlamam gerekiyor. O anladığım şeyle yüzleşmem gerekiyor. O "ben"in her halini görebilmem lazım. O haliyle onu kabul etmem gerekiyor.

\+ Evet.

A.K.: Evet, ben bunu yaşadım, çocukluğumda da bu geldi başıma, dün bu oldu gibi... Yüzleşip, kabul ettiğin şeyi sevebiliyorsun.

Onay Arayışı: Yeterince takdir edilmemiş çocuklar büyüdüklerinde hep onay alarak ilerlemek isterler. Fazla alkış, fazla takdir, fazla övgü. Onay alabilmek için kendilerinden ödün verirler. İlişkilerinde fazla vericidirler. Hayır demek onlara zor gelir.

▶ **Öneri:**

Kendi öz varlığını sevmek bir süreç ister. Az ya da bir miktar değil kendi öz varlığını tümüyle sevmen gerekiyor.

✓ Ben değerli bir insanım ve sevgiye layığım.

✓ Kendimi tüm öz varlığımla seviyor ve takdir ediyorum.

+ Çocukluğumdan üç beş sene öncesine kadar, hiç "ben" diye bir şey yoktu. Hep ailemin istedikleri, ailemin beni görmek istediği yer, onların bana çizdiği misyon önemliydi. Hep böyle ilerledi hayatım. Benliğimde birkaç senedir "ben" kelimesi var. Birkaç senedir bunun üstüne çalışmaya çalışıyorum. "Ben" diyebilmeye çalışıyorum.

A.K.: Salih'e iyi gelecek şeyler yapıyorsun. Onu arıyorsun.

+ Evet, onu arıyorum.

A.K.: Güzel.

+ Bulabilmiş değilim ama arıyorum.

A.K.: Hiçbir zaman bulamıyoruz, söyleyeyim.

+ Öyle mi?

A.K.: Hani derler ya, "O bir hakikat," diye, gerçek yani... O gerçeğin belki de en fazla ışığını görüyor insan ama yüzde yüz onun içine giremiyor. O yüzden bu terapiler var, kişisel gelişim var. Dinler var, felsefe var. Yani her şey insanın kendisini bulabilmesine yönelik. Aslında her yerde kendimizi arıyoruz. Çabada olmak güzel bir şey.

+ Evet. Çabalıyoruz! Çabada olmak da keyif veriyor zaten değil mi? Bana veriyor yani. Yine "Değil mi?" dedim bu arada, onu fark ettim.

A.K.: Onay istiyorsun.

+ Tabii.

A.K.: Sen artık bırak bu işleri bence. Deden yaşıyor mu?

+ Dedem rahmetli oldu.

A.K.: Neden öldü?

\+ Beynine pıhtı attı, felç olmuştu. Ondan sonra kalp krizi geçirdi.

A.K.: Ne kadar yaşadı felçli olarak?

\+ Beş altı sene yaşadı.

A.K.: Tamam, adı neydi?

\+ Rahmi.

A.K.: Şimdi şunu söyle kendine: Dedem uzun süre felçli yaşadı.

\+ Dedem uzun süre felçli yaşadı.

A.K.: Ailem sürekli ona üzüldü. Onu öyle görmeye dayanamadı.

\+ Ailem sürekli ona üzüldü. Onu öyle görmeye dayanamadı.

A.K.: Ailemde onun duyguları çok yoğundu. Beni ona benzetip, onu bende yaşatıyorlar.

\+ Ailemde onun duyguları çok yoğundu. Beni ona benzetip, onu bende yaşatıyorlar.

A.K.: Kafa epey karıştı. Salih miyim, dede miyim?

\+ Evet, kafa gitti. Dağıldım bu arada.

A.K.: Evet. Öğret kendine şimdi: O başka biri, ben başka biriyim.

\+ O başka biri, ben başka biriyim.

A.K.: Bunu sık sık evde de söyle kendine: Ben dedem değilim.

\+ Ben dedem değilim.
Peki, bir şey daha sorayım mı?

A.K.: Tabii.

\+ Dedeme benzetilmek benim hoşuma gidiyor ama.

A.K.: Onu da söyle, kapat gözünü: Kim olduğumu bilmiyorum. En azından dedeme benzetiyorlar.

\+ Kim olduğumu bilmiyorum. En azından dedeme benzetiyorlar.

A.K.: Bu nasıl geldi?

\+ Bu gerçek geldi.

A.K.: Böyle şeyleri filmlerde de görürsün, eskiden böyle mahallelerde de vardı. Birini bir şeye benzetip hep onu, o kişiymiş gibi konuşurlardı.

\+ Evet.

A.K.: Bu, o kişiye iyi gelir.

\+ Bana da iyi geliyor. Bu hayatta seni kime benzetsinler deseler, beni dedeme benzetin derim.

A.K.: Tamam. Şöyle söyle o zaman: Dedemin iyi özelliklerini almam güzel bir şey.

\+ Dedemin iyi özelliklerini almam güzel bir şey.

A.K.: Ama onun yaşadığı kötü şeyleri ve travmaları almamayı geliştireceğim.

\+ Ama onun yaşadığı kötü şeyleri ve travmaları almamayı geliştireceğim.

A.K.: Birini "sen"e dönüştürdüklerinde, onun her yönüne dönüştürürler. Mesela, dedesi gibi aynı hastalıktan gitti derler, annesi gibi bilmem neden gitti... Bir de "genetik" deyip rahatlıyorlar. Sen o çocuğa o duyguyu veriyorsun. Onun beyninde o proteine dönüşüyor. Kader yazılımını yaptın!

\+ Evet.

Kendi Yolunu Çiz: Aile üyelerinden bağımsız olarak bir hayatınız olduğunu, herkesin ayrı birer birey olduğunu kendinize zaman zaman hatırlatın. Böylece kendi bağımsızlığınızı koruyarak kendi yolunuzu çizebilirsiniz.

▶ **Öneri:**
İyi düşünülmüş ve analiz edilmiş kararlar alın. Bilinçli seçimler yapmaya çalışın. Fiziksel, ruhsal ve duygusal sağlığınızı önemseyin. Genetik bir yere kadar, esas olan sizin kendinize nasıl baktığınız.

"Çok Daha İyi Olmak Beni Korkutuyor"

A.K.: Ekonomik durumu nasıldı rahmetlinin?

\+ Ekonomik durumu çok alacalı bulacalıymış onun.

A.K.: Al işte!

\+ Ya çok olurmuş, ya hiç olmazmış. Onun durumu hep öyleymiş.

A.K.: Öyle mi?

\+ Evet.

A.K.: Bir geliyor, bir gidiyor…

\+ Tabii. Varken müthiş bir hayat yaşarmış. Mesela, o dönemin İstanbul'unda kimsenin arabası yokken, onun iki tane arabası varmış.

A.K.: Senin kaç tane var?

\+ Üç tane var.

A.K.: Sen dedeyi de geçmişsin. Üst nesillere gidiyorsun, güzel.

\+ Ondan sonra da bir dönem olurmuş mesela, hiçbir şeyi olmazmış. "Sekiz ay ne ev kirası ödeyebildik ne dükkân kirası ödeyebildik," diye babam hep anlatır. Bunun gibi dönemler de yaşamışlar. Hep böyleymiş yani, bir zirvede bir dipte.

A.K.: Tamam. Senin ekonomik durumun nasıl?

\+ Benim ekonomik durumum iyi.

A.K.: Çok iyi mi?

\+ İyi yani.

A.K.: Çok çok iyi mi?

\+ Çok çok iyi değil de, iyi Allah'a şükür.

A.K.: Niye olmuyor çok iyi?

\+ Bak şimdi yine zorlandım. Çok çok iyi olması beni korkutuyor.

A.K.: Korkutuyor mu?

\+ Evet.

A.K.: Tamam, şöyle söyle: Eğer çok çok zengin olursam, dedem gibi batarım, çıkarım.

\+ Aaa…

A.K.: Ne "Aaa"? Sen çözdün, ne yapayım ben şimdi?

\+ Ben bunu çok düşünüyordum da hiç aklıma gelmemişti.

A.K.: Onun için buradasın arkadaşım.

\+ Eğer çok çok zengin olursam, dedem gibi batarım. Bundan korkuyorum. Şu an bende bir farkındalık doğdu.

A.K.: Çok iyi.

\+ Evet, evet. Bunu çözdük.

A.K.: Rahatladık mı?

\+ Bu iyi oldu. İyi geldi vallahi.

A.K.: İyi geldi mi? Tamam.

\+ Çünkü çok düşünüyordum ben bu duyguyu.

A.K.: Bedava terapi!

\+ Bedava terapi, geldik.

A.K.: Çok iyi!

\+ Tabii.

A.K.: Duygusu ne mesela? Gelen duygu ne?

\+ Gelen duygu şu: Çok çok daha iyi olabilirim. Bunu yapabileceğime inanıyorum. Potansiyelimin altında çalıştığımı düşünüyorum gibi...

A.K.: O zaman şunu söyle: Gerçekte potansiyelim çok yüksek.

\+ Gerçekte potansiyelim çok yüksek.

A.K.: Babam, küçükken beni küçümseye küçümseye potansiyelimi çürüttü.

\+ Babam, küçükken beni küçümseye küçümseye potansiyelimi çürüttü.

A.K.: Aslında o potansiyelim duruyor.

\+ Aslında o potansiyelim duruyor.

A.K.: O potansiyelin üstüne bir de dedemi gömdüler mi! Dedemin korkuları da geçti bana.

\+ O potansiyelin üstüne bir de dedemi gömdüler mi! Dedemin korkuları da geçti bana.

A.K.: Eğer sınırlarımı zorlayıp çok başarılı ve zengin olursam, batarım.

\+ Eğer sınırlarımı zorlayıp çok başarılı ve zengin olursam, batarım.

A.K.: Dedem gibi ölür giderim.

\+ Dedem gibi ölür giderim.

Şu an yük geldi bu bana.

A.K.: Yük geldi, tamam.

\+ Demin daha iyiydim.

A.K.: Başkalarının hayatını yaşarsak böyle yük gibi gelir. "Önce ben" olmazsak, önce başkaları oluruz. Nasılsın?

\+ Yoruldum biraz.

A.K.: Yoruldun…

\+ Bu yük yordu. Demin çok iyi hissetmiştim, şimdi çok düştüm.

A.K.: Tamam. Onu da söyle kendine: Çok kötü olduğumda çok iyi olmaya çalışıyorum.

Miras Korkular: Sadece kişisel korkularımız yok, bir de ailemizden, atalarımızdan miras kalan korkular barındırıyoruz içimizde. Salih de bunu yaşıyor. Dedesinin "ya batarsam" korkusunu çocukluğunda direkt kendi almış, büyüdüğünde aynı korkulara şimdi kendisi kapılıyor. Burada ayrışmak çok önemli.

▶ **Öneri:**

Size korku aktarımı yapan kişiyi bulun ve onun ayrı sizin ayrı bir birey olduğunuzu hem o küçük size hem de yetişkin size sık sık hatırlatın. Korkularınızla yüzleşmek onları kontrol altına almanızı ve üzerinde rahatlıkla çalışmanızı sağlar.

"İyi ve Güzelin Ayrımı"

A.K.: Ne yapıyorsun mesela, çok kötü duyguya girdiğinde?

\+ Çok geyik arkadaşlarım var, onları ararım. Havadan sudan geyik yaparız. Eğlenceli müzik açarım.

A.K.: Sürekli iyi şeyler…

\+ Tabii.

A.K.: İyi olacağım, iyi olacağım.

\+ İyi olmalı. Olumlama yaparım kendime.

A.K.: Olumlamaların da var mı?

\+ Olmaz mı?

A.K.: Nasıl? Yapsana Allah aşkına!

\+ Her şey çok iyi! Bu benim başıma geldiyse, kesin bir sebebi vardır.

A.K.: Tabii. Kesin bir sebebi var. Bana bir hizmeti var. Allah bana boşuna göndermiyor.

\+ Tabii. Ben buradan ne almalıyım?

A.K.: Ne almalıyım?

\+ Aldıktan sonra daha da iyi olacak.

A.K.: Muhteşem mi olacak her şey?

\+ Evet, her şey muhteşem olacak

A.K.: Kesinlikle muhteşem olmak zorunda mı?

\+ Tabii.

A.K.: Tabii canım, tabii. Ama bu böyle bir iki dakika sürüyor.

\+ Evet ya! Hemen geçiyor bu da biliyor musun?

A.K.: Hemen geçiyor, kalıcılığı yok. Çakma parfüm gibi biliyor musun? Hemen dağılıyor.

\+ Evet öyle, çok çabuk gidiyor.

A.K.: Orijinal olmak zorunda parfümler. Çakma olursa küçümserler, bir şey olur, değil mi?

+ Hiç yakışır mı bize?

A.K.: Sahtelik yakışmaz.

+ Bize olmaz.

A.K.: Her şey gerçek olacak, çakma olmayacak. Yalandan değil yani.

+ Hayır.

A.K.: O zaman üzülürsek, ağlarsak, kötü olursak, çakma bir şeye dönüşüyoruz biz. Bizim güçlü olmamız lazım. Yoksa çabuk kırılıp dökülürüz.

+ Güçlü, evet. Üzülsek de kimseye belli etmememiz lazım. Evet, ağlayabiliriz ama kimsenin bilmediği, görmediği yerde olmalı. Kırılsak da kırıldığımızı göstermeyeceğiz. Bizim ailemizde çok popüler bir söz var: "Kan kusacaksın, kızılcık şerbeti içtim diyeceksin." Biz tam böyleyiz.

A.K.: El âlem önemli…

+ Tabii. El âlem bizim hayatımızda müthiş önemli. El âlem olmasaydı ne yapacaktık bilmiyorum mesela.

A.K.: Gerçekten mi?

+ Niye yaşayacaktık bu hayatı, onu da bilmiyorum.

A.K.: Sanki bir yanları da istiyor bunu. Hem elâlem konuşmasın hem de bir taraftan konuşulalım…

+ Başarıyı elâlem görmeyecekse, onun da bir manası kalmıyor.

A.K.: Doğru, başkaları için yapıyoruz. Ama oraya "önce ben" yazdık Allah'tan.

+ Evet. Onu çalışacağız, onu geliştireceğiz.

A.K.: O önemli. Başkaları için değil. "Önce ben."

\+ "Önce ben!" Evet. Ünlem de koydum.

A.K.: Koydun mu? Çok iyi!

\+ Tabii.

A.K.: Noktayı da yerleştirmişsin oraya. Kesin o zaman, bu olacak diyorsun.

\+ Kesin, kesin olacak! Çok hızlı olacak!

A.K.: Hızlı olacak...

\+ Evet.

A.K.: O zaman öğret çocuğa: Kötü şeyler çabuk olur, iyi şeyler zaman alır.

\+ Kötü şeyler çabuk olur, iyi şeyler zaman alır.

A.K.: Bir şeyin gerçekten iyi olması için sabırlı olmayı geliştireceğim.

\+ Bir şeyin gerçekten iyi olması için sabırlı olmayı geliştireceğim.

A.K.: Önceliğim bir şeyin güzel olması değil, iyi olması.

\+ Önceliğim bir şeyin güzel olması değil, iyi olması.

A.K.: Bir şeyin yatırımını "güzel"e yaptığımızda, onun kalıcı bir hissi olmuyor, doğru. Ama yatırımı önce "iyi"ye yaptığımızda, o uzun soluklu ve kalıcı oluyor.

\+ "Güzel" ile "iyi"nin ayrımını tam anlayamadım bu arada.

A.K.: Şöyle; eskiden, yıllar önce "iyi" ve "güzel" aynı anlamı taşıyordu. İyi insan, güzel insandı. Ama modern çağda "iyi" ile "güzel"in içine estetik giriyor. Artık insanlar kötü duygudan kaçmak amacıyla, ihtiyacı olduğu için değil, görselinden dolayı, başkalarında olmadığı için arabanın en iyisini alıyor. Klasik kendine bakma bu, bir parfüm yetebiliyor ona ama onun en güzelini arıyor; iyisiyle yetinmiyor. Bu da tüketimi artırıyor. Çok para gidiyor her şeye, çok tüketiyoruz. Bu da kalıcı olmuyor. Anlık zevkler, anlık hazlar gibi düşün. Gerçekten acıktığımda ve dışarıda yemek istediğimde, bunu yapma hakkım var. Ama can sıkıntımdan dolayı bunu yapıyorsam, bu benim için iyi bir şey değil.

+ Evet.

A.K.: Onu düşünelim. Gerçekten ihtiyacım var eğlenmeye, tamam. İyi duygudayım, gideceğim. Eğlenebilirim. Dağıt! Ama çok kötüyüm, gideceğim. Bu boşa; madden ve manen zarar.

+ Tabii.

A.K.: Dede bunu yapıyormuş.

+ Ben de bunu yapıyorum. Dedemin torunuyum. Biz aynıyız ya!

A.K.: Soy aynı.

+ Tabii.

A.K.: O zaman oraya yaz: "Dedemi bırakıyorum artık."

+ Yazayım. "Dedem öldü, ben yaşıyorum. Dedemi bırakıyorum," mu yazayım?

A.K.: "Dedem olmayı bırakıyorum," yaz. Güzel. Nasıl geldi?

+ İyi iyi. Bir yanım aslında şu anda bırakmak istemiyor dedemi. Ama bir yanım da... Evet, bir yanım dedemi bırakmak istemiyor ama bir yandan da dedemi bıraktığım zaman kendimi daha çok bulabilecekmişim gibi hissediyorum.

A.K.: Onu da şöyle düşünebilirsin: Gerçekte dedeyi bırakmıyoruz. Ayrıştığımız kişiler anne, baba, dede... Biz sadece onlara dönüşmeyi bırakıyoruz aslında.

+	Doğru, evet. Ben sanki belleğimden atacakmışım gibi hissediyorum.
A.K.:	Değil.
+	Onu nasıl öğreteceğim kendime?
A.K.:	Şöyle söyleyebilirsin mesela: Küçükken kendim olamadım. Başkaları oldum.
+	Küçükken kendim olamadım. Başkaları oldum.
A.K.:	Onları bırakmak demek, aramızdaki bağı koparmak gibi geliyor.
+	Onları bırakmak demek, aramızdaki bağı koparmak gibi geliyor.
A.K.:	Bu da bana kendimi kötü hissettiriyor.
+	Bu da bana kendimi kötü hissettiriyor.
A.K.:	Sanki kötü evlat olacakmışım gibi, çünkü ailem benim hep iyi evlat olmamı istedi.
+	Sanki kötü evlat olacakmışım gibi, çünkü ailem benim hep iyi evlat olmamı istedi.
	Bu bir ara benim yaşam amacımdı, biliyor musun? Bunu herkese söylüyordum.
A.K.:	Tahmin ediyorum.
+	Evet. Anlıyorsundur zaten de...
A.K.:	Sen aslında sohbet ederken farkında olmadan bunları söylüyorsun. O zaman öğret çocuğa: İyi de olabilirim, kötü de olabilirim. İkisi de normaldir.
+	İyi de olabilirim, kötü de olabilirim. İkisi de normaldir.
A.K.:	Başkaları da bana bazen iyi olabilir, bazen kötü olabilir. Bunlar da normaldir.
+	Başkaları da bana bazen iyi olabilir, bazen kötü olabilir. Bunlar da normaldir.

A.K.: Sürekli iyi olmak diye bir şey yok. Sürekli kötü olmak diye bir şey de yok.

\+ Sürekli iyi olmak diye bir şey yok. Sürekli kötü olmak diye bir şey de yok.

A.K.: O yüzden belirsizliğe tahammülümü artıracağım.

\+ O yüzden belirsizliğe tahammülümü artıracağım.

A.K.: Gelecekte iyi şeyler de olabilir, kötü şeyler de olabilir.

\+ Gelecekte iyi şeyler de olabilir, kötü şeyler de olabilir.

A.K.: Her şeyi kontrol etmeyi bırakıyorum. Belirsizlik kötü bir şey değildir.

\+ Her şeyi kontrol etmeyi bırakıyorum. Belirsizlik kötü bir şey değildir.

A.K.: Nasıl geldi?

\+ İyi gelecek, iyi oldu bu.

A.K.: "Ben olmak" belirsiz geliyor. Farkında mısın?

İyi ve Güzel: Buraya kadar nasıl gitti? İyi misiniz? İçiniz mi daraldı? Kendinizi kötü mü hissediyorsunuz? Umarım herkes kendine tüm hikâyelerden bir parça ders, ödev ve ortak payda çıkarmıştır. Sizin de tıpkı diyalogda olduğumuz konuklarım gibi farkındalık kazanmanız en büyük isteğim.

► **Öneri:**

Bazen sadece bırakmak gerekir. O dedeyi, o travmayı, o anneyi, o işi, o arkadaşı… Ayrışmak. Kopmak demiyorum ayrışmak. Bunu yapabilir misiniz?

+ Çok doğru.

A.K.: İyi mi olacağız? Kötü mü olacağız? Sonunda ne gelecek başımıza? O biraz belirsiz.

+ O yüzden mi bir tarafım beni bulmayı reddediyor acaba? O belirsizlikten dolayı mı?

A.K.: Evet.

+ Ne öğreteyim kendime?

A.K.: Hemen de çözüm istiyorsun. Onu da söyle şimdi kendine: Çocukken babam beni çok zorluyordu. Bir şeyi hemen anlayıp yapmamı istiyordu.

+ Çocukken babam beni çok zorluyordu. Bir şeyi hemen anlayıp yapmamı istiyordu.

A.K.: Düşünmeme izin vermiyordu. O yüzden problemi hemen çözmek istiyorum.

+ Düşünmeme izin vermiyordu. O yüzden problemi hemen çözmek istiyorum.

A.K.: Bunu bırakıyorum.

+ Bunu bırakıyorum.

A.K.: Bu nasıl geldi?

+ Ağır geldi.

A.K.: İki dakika mutlu olamıyoruz valla. Tam her şey iyi gidiyor diyoruz, yine bir şey oluyor. Anne babalarımızın çoğu bazen bunu yapar. Çocuğa bir direktif verirken, onu hemen anlasın ister. Hemen anlayacaksın onu. "Şunu şuraya götür." Anlamamazlık yapamazsın.

Ya da bir derse çalıştırıyor seni, "Bunu nasıl anlamazsın?" Bana kolay gelen bir şey, çocuk için çok zor olabiliyor bazen. Ya da bu bir eylem de olabilir. Bir davranış, bir tutum... Bir görev, bir sorumluluk da olabilir. Bunu verirken hemen "Anla ve yap!" isteniyor. Aslında bu kendi iç dünyalarındaki karışıklıktan kaynaklanıyor. Kendileri hızlı düşünüyorlar ve stresliler. Onu çocuğa o şekilde veriyorlar. Bu sefer çocuk hayatta da böyle oluyor. "Hızlı bir şekilde anlamalıyım, çözmeliyim, etmeliyim." Böyle bir şey yok gerçekten. Bu bilgi doğru değil. Hepimiz içimizdeki çocuğa bunu öğreteceğiz. Beyin diyor ki; bir şey anladın, bir şeyi fark ettin hayatında, orada demlen.

+ Kal orada, diyor.

A.K.: Bravo! Kal orada. Bir demlen ya! Ne anladım ben? Üzüntü mü anladım? Üzül, diyor. Onu yaşa! Utanç mı anladım? Utan, diyor. Yalnızlık mı anladım? Yalnız kal! O hale bir gir, onu bir yaşa. Hemen çıkıp çözmeye çalışma, diyor aslında. Biz galiba orada biraz aceleci davranıyoruz.

+ Evet. Ben çok aceleci davranıyorum.

A.K.: İşte orada da onu azaltabilirsin. Bunu nasıl yapacağız?

+ Ben şöyle yapacağım: "Çözdüm!" diyorum; bir ampul yanıyor kafamda ve o ampul yandığı anda ben bittiğini zannediyorum, çözdüğümü zannediyorum. Ama öyle olmuyor. Ondan sonra yarın, öbür gün, aynı ya da benzer şeyler tekrarlıyor.

A.K.: Şöyle söyle: Babam bana her kızdığında, kızgınlığı bittiğinde, çözüldü bitti zannettim.

\+ Babam bana her kızdığında, kızgınlığı bittiğinde, çözüldü bitti zannettim.

A.K.: Bir daha olmayacak zannettim. Ama yine devam etti.

\+ Bir daha olmayacak zannettim. Ama yine devam etti. Evet, bu da çok gerçekti.

A.K.: O zaman öğretelim kendimize: Artık çocuk değilim. O duyguları orada bırakıyorum.

\+ Artık çocuk değilim. O duyguları orada bırakıyorum.

A.K.: Sorunlar bazen, sık sık, üst üste gelebilir; bu normal.

\+ Sorunlar bazen, sık sık, üst üste gelebilir; bu normal.

A.K.: Sorunsuz da olabilir, bu da normal.

\+ Sorunsuz da olabilir, bu da normal.

Sorunlar sık sık, üst üste gelir dedik ya, benim burada yine bir hareketlenme başladı.

A.K.: Tamam. Kendimizi tanımaya başlıyoruz yavaş yavaş. O zaman şöyle söyle: Kendim olmaya çalıştıkça kötü oluyorum.

\+ Kendim olmaya çalıştıkça kötü oluyorum.

A.K.: Çünkü çocukluğumda ne zaman birilerine karşı çıktıysam, bana hep kötü duygu verdiler.

\+ Çünkü çocukluğumda ne zaman birilerine karşı çıktıysam, bana hep kötü duygu verdiler.

A.K.: Ben Salih oldukça, onlar içime kötü duygu attılar.

\+ Ben Salih oldukça, onlar içime kötü duygu attılar.

A.K.: Şu an onları yaşıyorum. Salih olmak kötü bir şey değildir.

\+ Şu an onları yaşıyorum. Salih olmak kötü bir şey değildir.

A.K.: Önce ben.

\+ Önce ben.

A.K.: Ah Salih ah! Nereden düştün bu yollara sen?

\+ Yok, yok, bu yollar çok keyifliymiş.

A.K.: Gerçekten mi?

\+ Bulacağız kendimizi.

A.K.: Nereye geldik, nereye düştük? Dışarıdan pavyon gibi gözüküyordu.

\+ Ben ondan geldim işte!

A.K.: Dışarıdan pavyon mu zannettin?

\+ Tabii, ondan bir bakayım dedim ama...

A.K.: Bir bak bakalım. Pavyon sever misin?

\+ Bir dönem seviyordum.

A.K.: Gerçekten mi?

\+ Valla.

A.K.: Bu ışıltılı hayattan buralara mı geldin?

\+ (Karşıyı göstererek) Şurası mesela, tam bir pavyon havası var burada.

A.K.: Söyle o zaman: Yıllarca dedem gibi, pavyon pavyon gezdim.

\+ Yıllarca dedem gibi pavyon pavyon gezdim.

A.K.: Kendimi dağıttım durdum.

\+ Kendimi dağıttım durdum.

A.K.: Bir ara fark ettim ki işler iyiye gitmiyor, orada bıraktım.

\+ Evet. Bir ara fark ettim ki işler iyiye gitmiyor, orada bıraktım.

A.K.: Aileler bazen çocuklarına ölmüş birinin ismini koyar. Bazen de doğan bir çocuğu, ölmüş birine dönüştürürler. Mesela, diyelim ki ben babayım, yeni baba oldum; ama yakın zamanda annemi ya da babamı kaybettim. Onun yasını tutamadığımda, dünyaya gelen çocuğa sanki annemmiş ya da babammış gibi bakıyorum ve o çocuk büyüyünce ölenin kaderini yaşıyor.

\+ Bu arada ben çocuklarımın birine dedemin ismini, birine babamın ismini koydum.

A.K.: Seni bir on üç bölüm daha almak lazım buraya.

\+ Öyle bir vakit varsa...

A.K.: Her birine ayrı ayrı. Zaten, bu program yıllarca sürerse eğer, senin çocuklarını da yavaş yavaş buraya alırız.

\+ İnşallah.

A.K.: Tamam, o zaman şimdi şunu söyle toparlayalım: Çocuklarımı dert etmeyi bırakıyorum. Kendi içimdeki çocuğa bakacağım.

\+ Çocuklarımı dert etmeyi bırakıyorum. Kendi içimdeki çocuğa bakacağım.

A.K.: Ben kendimi çalışırsam, dedem olmayı bırakırsam, dedemle bir alakam kalmayacak.

\+ Ben kendimi çalışırsam, dedem olmayı bırakırsam, dedemle bir alakam kalmayacak.

A.K.: Onu da dış dünyada, evladımda ya da diğerlerinde, herhangi birinde aramayı bırakacağım.

\+ Onu da dış dünyada, evladımda ya da diğerlerinde, herhangi birinde aramayı bırakacağım.

A.K.: O öldü. Ben yaşıyorum.

\+ O öldü. Ben yaşıyorum.

A.K.: Önce ben.

\+ Önce ben.

A.K.: Teşekkür ederim katıldığın için.

\+ Ben teşekkür ederim. Önce ben... Neyse bunu da söylemeyeceğim. Tekrar bir onaylanma vardı.

A.K.: O sende kalsın.

\+ Önce onu söyledim. Tamam. Yine de tutamıyordum, o yüzden.

A.K.: Söyle: Bundan sonra bir şey söylediğimde, onay istemeyi bırakıyorum.

\+ Bundan sonra bir şey söylediğimde, onay istemeyi bırakıyorum.

A.K.: İçime atıyorum. Patlarsa da içimde patlasın.

\+ İçime atıyorum. Patlarsa da içimde patlasın.

A.K.: Güzel, gel buraya! (Sarılırlar.) Tamam, şifa olsun.

\+ Çok teşekkürler.

A.K.: Ben teşekkür ederim. Önce sen, tamam mı?

\+ Önce ben, kesinlikle.

Şimdilik böyle. Salih de "önce ben" demeyi öğrenerek ilerlemeyi seçti. Dedesinden ayrışması için üzerinde çalışması gerekecek. Babası üzerinde de aynı şekilde. Kendisine zaman ayırır, ihtiyaçlarını belirler ve duygularından kaçmayıp onları anlamaya çalışırsa hayatındaki kilitleri de açmış olacak. Bu bir süreç. İlerlemek, değişim, zaman ve sabır ister. Kendinize bu iyiliği yapın. Dönüşüm için zaman ve sabır gösterin.

SONSÖZ

Hoş geldiniz yaramaz çocuklar! Biraz uslu çocuklara ara verelim. Şunu da unutmayın, uslu çocuk içimizde her zaman baki kalacak. Onu gerektiği yerde kullanacağız. Özümüzü iyi tutup, değerlerimizi iyi tutup, iyi insan olma üzerine bunları inşa edeceğiz. İnsanlar bize iyi davrandığı sürece, iyi duygular verenlerle iyi ilişkiler kuracağız. Birileri bizi zorlarsa onlara mesafe koyma hakkımızı da kullanacağız. Birileri zorlamaya devam ederse onları uyarma hakkımız olduğunu unutmayacağız. Birilerini sakince ve nezaketle uyarmak kötü bir şey değildir. Buna rağmen değişmiyorlarsa araya mesafe koyma ve hiç görüşmeme hakkımızı kullanacağız. Ama bazen öyle ortamlar olacak ki üzerimize gelecekler, hakkımızı yemeye, bizi zorlamaya çalışacaklar, tehdit edecekler. O zaman da karşılarında dimdik durabilecek ve savaşacak gücümüzün olması gerekiyor.

Merkeze kendini koyacaksın yaramaz çocuk. Şifa olsun.